Bernhard Schlink
Der Vorleser

Von
Manfred Heigenmoser

Philipp Reclam jun. Stuttgart

Bernhard Schlinks Roman *Der Vorleser* liegt als Band 22953 im Diogenes Taschenbuch Verlag (Zürich 1997) vor. Die Seiten- und Zeilenangaben im vorliegenden Band beziehen sich auf diese Ausgabe.

RECLAMS UNIVERSAL-BIBLIOTHEK Nr. 16050
Alle Rechte vorbehalten
© 2005 Philipp Reclam jun. GmbH & Co., Stuttgart
Gesamtherstellung: Reclam, Ditzingen. Printed in Germany 2005
RECLAM, UNIVERSAL-BIBLIOTHEK und
RECLAMS UNIVERSAL-BIBLIOTHEK sind eingetragene Marken
der Philipp Reclam jun. GmbH & Co., Stuttgart
ISBN 3-15-016050-2

www.reclam.de

Inhalt

I. Kommentar, Wort- und Sacherklärungen

5,1–12 *Als ich fünfzehn war ... im Oktober:* Der Ich-Erzähler Michael Berg, der sich – im Rückblick – schreibend an wichtige Momente seines Lebens erinnert, greift im »Ersten Teil« (5–81) biographische Erlebnisse des Zeitraums von Oktober 1958 bis Anfang August 1959 heraus. Er ist – nach den im Roman genannten Angaben – im Juli 1943 geboren und damit ein Vertreter der Zweiten Generation, also derjenigen Deutschen, die während des Zweiten Weltkrieges oder in den unmittelbar darauf folgenden Jahren geboren wurden. Das Thema des Romans ist nun, wie Bernhard Schlink in Interviews immer wieder betont hat, das Schicksal dieser Zweiten Generation und ihre Verstrickung in die Schuld der Tätergeneration des nationalsozialistischen Deutschland. Dieser Verstrickung und der Entwicklung der Auseinandersetzung mit ihr entsprechen auch die zeitlich genau abgegrenzten Phasen der drei Romanteile. »Das Fundament der BRD ist gelegt und besiegelt im Vergessen«, stellt Bernhard Schlink im Interview mit Gunhild Kübler (*Weltwoche*, 27. Januar 2000 [im Folgenden zit. als: Kübler, 2000]) fest. »Erst jetzt können wir uns der Vergangenheit erinnern, ohne Angst haben zu müssen, es zu beschädigen«. Die »Abgründe unter diesem Fundament« beginnen erst – so Schlink weiter – »Ende der fünfziger Jahre« mit dem »Ulmer Einsatzgruppenprozess« (ebd.) durch die Rückkehr der Täter im Bewusstsein der Deutschen sichtbar zu werden. »Einer, der als Mitglied einer ›Einsatzgruppe‹ [vgl. Anm. 146,22 ff.] hinter der Front im Osten Juden und Partisanen erschossen hatte, meinte, dafür noch eine Pension beanspruchen zu müssen, und insistierte dermaßen, dass man seine Untaten einfach nicht mehr übersehen konnte. Im Gefolge wurde eine zentrale

Stelle eingerichtet, die systematisch zu ermitteln anfing« (ebd.). Der Beschluss der Justizminister und Justizsenatoren der elf Bundesländer der BRD für die Einrichtung dieser Ludwigsburger »Zentralen Stelle der Landesjustizverwaltungen zur Aufklärung nationalsozialistischer Verbrechen« fällt genau im Oktober 1958, als auch die fiktive Romanhandlung durch die Begegnung des Ich-Erzählers mit einer NS-Täterin (5,13–7,9) einsetzt. Zudem werden 1958 auch vom Institut für Zeitgeschichte die autobiographischen Aufzeichnungen des NS-Täters Rudolf Höß (vgl. Anm. zu 193,27f.) veröffentlicht, die Bernhard Schlink bereits als Schüler gelesen hat.

5,1 *Gelbsucht:* Diese Schädigung der Leber zeigt sich in der Gelbfärbung der Haut, der Schleimhäute, des Harns und anderer Körperflüssigkeiten. Sie ist keine Krankheit, sondern ein Krankheitszeichen, dem verschiedene Ursachen – wie Infektion, Vergiftung – zugrunde liegen können. Die epidemische Gelbsucht wird durch ein – auch durch Atemluft – übertragbares Virus hervorgerufen. Da sich der Junge genau vor dem Haus einer »Täterin« übergeben muss (5,13) und dies zur Bedingung für die schicksalhafte Begegnung mit einer Nazi-Verbrecherin wird, vermutet Heike Grigutsch (Bernhard Schlink, *»Der Vorleser«. Versuch über den Erfolg*, Bremen 2002, S. 24) wohl nicht zu Unrecht, dass »diese Krankheit [...] hier symbolisch für den Zustand stehen [könnte], in dem sich Deutschland zu dieser Zeit befindet«. Bernhard Schlink zitiert selbst in einem seiner juristischen Essays (in: *Vergangenheitsschuld und gegenwärtiges Recht*, Frankfurt a.M. 2002, S. 139 [im Folgenden zit. als: Schlink, *Vergangenheitsschuld*]) eine entsprechende Beobachtung von Alexander und Margarete Mitscherlich (*Die Unfähigkeit zu trauern*, München [16]2001, S. 25): »Die große Majorität der Deutschen erlebt heute [Mitte der 60er Jahre] die Periode der nationalsozialisti-

schen Herrschaft retrospektiv wie die Dazwischenkunft
einer Infektionskrankheit in Kinderjahren«.

5,9/11 *Blumenstraße … Bahnhofstraße:* vgl. Anm. zu 8,3.

6,15–25 *Wasserhahn … Wasserschwall:* Wasser ist ein zen-
trales Motiv des Romans, das hier eingeführt wird. Es
gilt als Symbol für Reinigung und durchzieht den Text
bis zu dem Augenblick, wo die Hoffnung auf »Reinigung«, auf Vergebung der Schuld, aufgegeben wird
(196,24). Vgl. dazu Juliane Köster, *Bernhard Schlink*
»Der Vorleser«, München 2000 [im Folgenden zit. als:
Köster, 2000], S. 82–85.

8,1 *heute:* Erzählgegenwart ist hier das Jahr 1994 bzw. der
Winter 1994/95, als der inzwischen 51-jährige Ich-Erzähler nach mehreren Versuchen – seit 1984 – die End-
fassung seiner autobiographischen Geschichte, die im
Oktober 1958 einsetzt, zustande bringt. Dieses Ende
seiner Erinnerungsarbeit fällt auch in das deutsche
Großgedenkjahr, fünfzig Jahre nach dem Ende der NS-
Herrschaft. Parallel zum realen Jubiläum ereignet sich
dasjenige der Romanfiktion: Es sind nun fünfzig Jahre
seit dem Zeitpunkt vergangen, an dem die NS-Täterin,
mit welcher der Ich-Erzähler in einer »Schuldgemeinschaft« verbunden war, ihre Verbrechen verübt hat.

8,3 *Heimatstadt:* Zahlreiche topographische Angaben im
Roman weisen eindeutig darauf hin, dass es sich um
Heidelberg handelt, eine Universitätsstadt in Baden-
Württemberg, die in malerischer Lage am Austritt des
engen Neckartals aus dem Odenwald (vgl. Anm. zu
53,4) in den Oberrhein liegt. Auf dem Stadtplan (vgl.
S. 8/9) aus den 60er Jahren sind die meisten der im Roman genannten Straßen, Bauwerke und Sehenswürdig-
keiten zu finden. In Heidelberg hat Bernhard Schlink
Kindheit und Jugendzeit verbracht, das Gymnasium besucht und an der Universität Jura studiert.

8,13–11,4 *alte Haus:* Das Motiv »Haus« steht im Roman
in einem engen Verweisungszusammenhang mit den

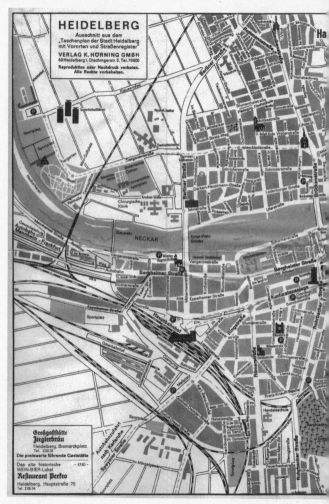

Stadtplan von Heidelberg (um 1963/64)

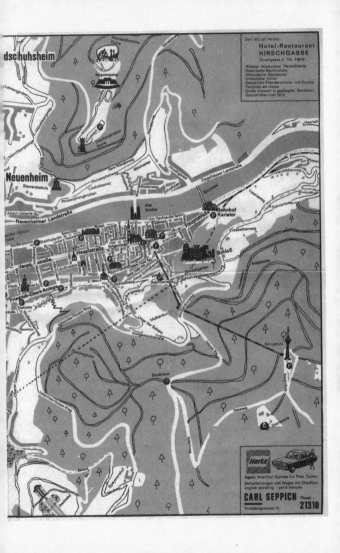

Problemen Identität, Heimat und NS-Verbrechen. Im erinnernden Bewusstsein des Ich-Erzählers werden öfters verschiedene – reale und geträumte – Häuser übereinander geblendet, Variationen eines Grundmusters (z. B. Elternhaus, Haus der NS-Täterin, Gerichtshaus, Haus eines jüdischen Opfers). Zum Motiv vgl. Köster (2000), S. 87 f., und Helmut Moers (*Bernhard Schlink, »Der Vorleser«*, Freising 1999 [im Folgenden zit. als: Moers, 1999], S. 45–48).

8,14 f. *Sandsteinquadern:* Rote Sandsteinblöcke sind typisches Baumaterial in Heidelberg.

8,15 f. *Backsteinmauerwerk:* Dies ist ein unverputztes und unverkleidetes Mauerwerk aus gebrannten (roten) Ziegeln. Es korrespondiert sowohl mit den »Brandmauern« des Traums (10,21 ff.) als auch mit dem »Brand in der Kirche« (119,12).

8,21 *Architrav:* Dies ist – in Nachahmung antiker Baukunst – der Balken, der waagerecht auf den Säulen aufliegt.

9,9 *Stuck:* plastische Wandverzierungen aus einem Gemisch aus Gips, Kalk und Sand.

10,25 *Haus ist blind:* Dies ist eine Überblendung mit dem Bild des Gerichtsgebäudes, dessen Milchglasfenster den Blick nach draußen verwehrt (90,21–91,1 f.).

12,5 *Schmitz:* Dieser in Deutschland sehr häufige Familienname ist eine patronymische (nach dem Namen des Vaters abgeleitete) Bildung zu Schmidt (des Schmieds Sohn) und ganz besonders charakteristisch für das Rheinland. Vielleicht spielt das Wort auch als veraltete Bezeichnung für Fehler, Schmutz- und Schandfleck eine Rolle. Dietmar Schäfer (*Bernhard Schlink, »Der Vorleser«*, München 2000 [im Folgenden zit. als: Schäfer, 2000], S. 59) verweist auf die Ableitung von dem mhd. Wort *smitz(e)* ›einen Schlag (mit der Peitsche)‹, das auf jene Szene anspielt, in der Michael von Hanna mit einem Gürtel geschlagen wird (54).

16,8 f. *Bahnhofstraße, Häusserstraße, Blumenstraße:* Die drei Straßen liegen nahe beieinander im westl. Teil der Altstadt Heidelbergs; vgl. Stadtplan S. 8/9.

21,24–22,16 *Ich weiß nicht, warum ich es tat … mein Entscheiden:* Der Ich-Erzähler stellt hier mit Bezug auf sein eigenes Leben das bürgerliche Ideal der autonom und bewusst handelnden Persönlichkeit in Frage und verweist auf unbewusste und irrationale Antriebskräfte mancher Entscheidungen. Nur wer ein solches »Wissen um die Gefährung der eigenen moralischen Existenz« (Bernhard Schlink, zit. nach: Juliane Köster / Rolf Schmidt, »Interaktive Lesung mit Bernhard Schlink«, in: *Deutschunterricht* [Berlin], 1998, H. 1 [im Folgenden zit. als: Köster/Schmidt, 1998], S. 48) und damit auch ein Wissen um die Abgründe der eigenen Seele hat, kann selbstgerechte Verurteilungen vermeiden.

24,6–25,7 *Koksschütte … Knöcheln im Koks:* (engl.) ein wertvoller Brennstoff (aus Steinkohle), verweist hier – mehrdeutig – auf Wärme und Feuer, es bezeichnet zugleich aber auch einen metaphorischen Vorgriff auf die Verstrickung des Ich-Erzählers in die Schuld der NS-Täterin.

26,24–27,18 *Tuch zu Boden fallen … Mund erstickte:* Im juristischen Sinne begeht die 36-jährige Frau in dieser Szene nach § 182 Strafgesetzbuch (»Sexueller Mißbrauch von Jugendlichen«) eine Straftat: »(2) Eine Person über einundzwanzig Jahre, die eine Person unter sechzehn Jahren dadurch mißbraucht, dass sie […] sexuelle Handlungen an ihr vornimmt oder an sich von ihr vornehmen läßt […] und dabei die fehlende Fähigkeit des Opfers zur sexuellen Selbstbestimmung ausnutzt, wird mit Freiheitsstrafe bis zu drei Jahren oder mit Geldstrafe bestraft. (3) In den Fällen des Absatzes 2 wird die Tat nur auf Antrag verfolgt.« In den USA stand in den Diskussionen über den *Vorleser* in Oprah Winfreys TV-Show 1999 dieser sexuelle Missbrauch eines minderjährigen Jungen durch eine reife Frau zunächst im Mittelpunkt. Bernhard Schlink antwortete auf die Frage, »warum diese Liebe nicht als Kindesmißbrauch zu begreifen« sei, mit dem Hinweis, dass er das »ungleiche Verhältnis als Metapher zwischen der ersten und zweiten Holocaust-Generation« verstanden habe (vgl. Jordan Mejias, »Schlink ist okay!«, in: *Frankfurter Allgemeine Zeitung*, 3. April 1999). In einem Interview (Peter von Becker, »Mein Erfolg bleibt ein Traum‹. Bernhard Schlink über sein Doppelleben als Jurist und Bestseller-Autor, über die Spannung vor dem Erscheinen seines Buches *Liebesfluchten*«, in: *Der Tagesspiegel*, 5. Januar 2000 [im Folgenden zit. als: Becker, 2000]) verdeutlicht er: »Ich wollte das Problem der Verstrickung in die Schuld der Täter nicht nur als Generationenproblem und schon gar nicht als Konflikt innerhalb der Familie darstellen«. Er habe ein allgemeines Problem sichtbar machen wollen und deswegen gerade nicht ein Eltern-Kind-Verhältnis beschrieben, sondern eine andere Liebesbeziehung: »Deswegen Hanna, die zur älteren Generation gehört, zu der aber eine Liebesbeziehung aus ganz eigenem Recht entsteht«. Auch der Altersunterschied von über zwanzig Jahren ist für Schlink nicht im Sinne eines emotionalen Ungleichgewichts das Entscheidende, denn Liebesbeziehungen halten für ihn »dem idealen Bild der Liebe nur selten« stand: »Einer symmetrischen Beziehung, die sich, ob nun mit oder ohne Altersunterschied, zwischen zwei gleich Starken durch ein Geben und Nehmen erfüllt, entspricht die Realität in den seltensten Fällen« (Jörn Jacob Rohwer, »Ich kann auch sehr fröhlich sein.‹ Interview mit Bernhard Schlink«, in: *Frankfurter Rundschau Magazin*, 6. Oktober 2001 [im Folgenden zit. als: Rohwer, 2001]).

29,23 f. *Rekonvaleszentenspaziergänge:* Rekonvaleszenz (lat.) ist die Genesung, die sich an eine längere Krankheit (hier: Gelbsucht von Oktober 1958 bis Februar

1959) anschließende Zeit noch vermminderter Leistungs-
fähigkeit.

29,30 *Ehrenfriedhof zur Molkenkur:* Südöstl. der Heidelberger Altstadt liegt auf einem Höhenrücken – »Amei-
senbuckel« genannt – eine Grab- und Gedenkstätte für
520 gefallene und verstorbene Soldaten des Ersten Weltkrieges. Dieser »Ehrenfriedhof« wurde 1934 auf Beschluss des neuen NS-Stadtrats von Heidelberg angelegt
und 1953 an der Westseite mit einem Waldgräberfeld für
Gefallene und Verstorbene des Zweiten Weltkrieges erweitert. Im Mittelpunkt der halbrunden Anlage steht
ein Sandstein-Monolith (Denkmal aus einem einzigen
Steinblock), als breite Schneise wird sie von einer Auf-
marschstraße durchzogen, die sozusagen ins Unendli-
che führen soll. Im Ehrenfriedhof des Zweiten Weltkrieges befindet sich in einem Rundbau aus Sandstein
ein Sandsteinrelief des Erzengels Michael (vgl. Anm. zu
35,19). Die gesamte Anlage bietet als Hochplateau auch
einen weiten Ausblick in die Rheinebene und nach
Mannheim. – Die »Molkenkur«, urspr. ein Teil der äußeren Stadtverteidigung, ist eine Anhöhe unterhalb des
Königstuhls (vgl. Stadtplan S. 8/9), auf die der Besucher
seit 1890 durch eine Bergbahn kommt. Die Benennung
»Molkenkur«, noch heute gebräuchlich, ist erst um
1850 entstanden, damals eröffnete ein Porzellanmaler
eine Molkenkuranstalt auf der Anhöhe. Der Gebrauch
der aus der Ziegen- und Kuhmilch erzeugten Molken,
eines Nebenproduktes der Käseherstellung, galt als
Heilmittel gegen Blutarmut und zur Anregung von
Kreislauf und Verdauung. (Diese Hinweise und auch
weitere Details zur Topographie Heidelbergs, die deutlich machen, dass der erste Teil des *Vorlesers* auch ein
Heidelberg-Roman ist, folgen weitgehend dem Buch
von Günter Heinemann, *Heidelberg*, Heidelberg, [3]1996.)

30,1 *Nußloch:* Dies ist ein kleiner Ort etwa 15 km südl.
von Heidelberg, in unmittelbarer Nähe befindet sich

auch das südl. Ende der Bergstraße (vgl. Anm. zu 90,11–13).

35,7 *Hanna:* Dieser weibl. Vorname ist hebr. Ursprungs (von hebr. *channah* ›die Anmutige, Holdselige‹) und ein bekannter biblischer Name; vielleicht auch eine Kurzform zu Johanna (griech.: ›die Gottbegnadete‹). Vermutlich ist der Name auch eine Anspielung auf Hannah Arendt (vgl. Anm. zu 193,28 f.).

35,19 *Michael Berg:* Der Vorname Michael ist (wie Hanna) hebr. Ursprungs und lässt sich mit ›Wer ist wie Jahwe (Gott)?‹ übersetzen. Im Mittelalter fand der Name durch die biblische Gestalt des Erzengels Michael weite Verbreitung. Als siegreicher Heerführer der Engel im Kampf gegen den Teufel/Satan wurde er nicht nur zum Beschützer der Kirche, sondern auch zum Schutzpatron des alten Deutschen Reiches, im 19. Jh. zur Allegorie Deutschlands.

36,5 *Untersekunda:* So nannte man früher die 6. Klasse einer höheren Schule, sie entspricht heute der 10. Jahrgangsstufe des Gymnasiums.

36,20 *Rohrbach:* Dieser Stadtteil Heidelbergs, südl. der Altstadt gelegen, wurde 1927 eingemeindet und ist teilweise noch ländlich geprägt.

39,7 *Mop:* (engl.) Staubwischer aus Baumwollfäden.

40,5 *Siebenbürgen:* Landschaft im Nordwesten Rumäniens. Ungarische Fürsten hatten im 12. und 13. Jh. Deutsche, die Siebenbürger Sachsen, ins Land gerufen. Im Jahr 1920, zwei Jahre vor Hannas Geburt, wurde der Anschluss Siebenbürgens an Rumänien bestätigt. 1940 kam dann der nördl. Teil Siebenbürgens (bis 1947) wieder an Ungarn. Die Siebenbürger Sachsen aus Nord-Siebenbürgen wurden 1944 nach Österreich und West-Deutschland »evakuiert«, diejenigen aus Süd-Siebenbürgen z. T. nach Russland deportiert. Nach 1945 konnte Hanna Schmitz also nicht mehr in ihre Heimat zurückkehren.

40,6 *Arbeiterin bei Siemens:* Die Firma Siemens in Berlin war mit den beiden Stammgesellschaften Siemens & Halske und Siemens-Schuckertwerke das größte deutsche Elektrounternehmen und ein multinationaler Konzern, der wie die gesamte deutsche Industrie in NS-Aufrüstung und Kriegswirtschaft eingebunden wurde. Die zunehmenden staatlichen Aufträge führten zu einem immer höheren Produktionsstand, der auch den Arbeitskräftebedarf ständig erhöhte, während gleichzeitig durch die zunehmenden Einberufungen seit Herbst 1939 die Stammbelegschaft stark abnahm. Der Arbeitskräftemangel wurde ab 1940 durch die Einstellung von ausländischen Arbeitskräften und Ostarbeitern teilweise behoben. Im Frühjahr 1940, als die 17-jährige Hanna vermutlich nach Berlin kam, bestand vor allem bei Arbeiterinnen und Hilfskräften ein großer Engpass (vgl. Wilfried Feldenkirchen, *Siemens 1918–1945*, München 1995, S. 204), sie wird bei Siemens also leicht eine Arbeitsstelle bekommen haben, z.B. als Lackdrahtprüferin, Spinnerin, Spulerin, Bohrerin, Montiererin. Hanna müsste aber auch Zeugin davon geworden sein, wie bei Siemens ab diesem Frühjahr 1940 – zuerst einige hunderte, dann tausende – zwangsverpflichtete Juden und Jüdinnen eingesetzt wurden, in teils separaten, teils mit verstellbaren Trennwänden abgeteilten Werkhallen. Nur sieben oder acht Monate nach dem Abtransport der letzten in den Berliner Betrieben verbliebenen jüdischen Zwangsarbeiter und -arbeiterinnen (im Februar 1943) in die Konzentrations- und Vernichtungslager wird Hanna KZ-Wärterin (Herbst 1943). Vgl. Carola Sachse, »Zwangsarbeit jüdischer und nichtjüdischer Frauen und Männer bei der Firma Siemens 1940 bis 1945«, in: *IWK. Internationale wissenschaftliche Korrespondenz zur Geschichte der deutschen Arbeiterbewegung* 1 (1991) S. 1–11.

40,7 f. *zu den Soldaten geraten:* Sie umschreibt damit, dass

Drei SS-Aufseherinnen im Außenlager des KZ Buchenwald

sie KZ-Wärterin, Reichsangestellte und Teil des SS-Ge-
folges geworden ist.

40,9 ff. *als Straßenbahnschaffnerin … mochte sie die Uniform:* vgl. Abb. S. 17 und Anm. zu 140,15.

40,24 f. *Beziehung von Julian Sorel zu Madame de Rênal
… zu Mathilde de la Mole:* Der frz. Schriftsteller Marie-
Henri Beyle (1783–1842) nannte sich Stendhal, nach
dem Geburtsort des Kunsthistorikers Johann Joachim
Winckelmann. Sein zweiter Roman *Le rouge et le noir*
von 1830 (dt.: *Rot und Schwarz*, 1901) schildert als
»Chronik des 19. Jahrhunderts« – so der Untertitel –
Frankreich zwischen 1815 und 1830 und beruht auf

Straßenbahnschaffnerin

einem zeitgenössischen Gerichtsprozess. Der Roman
erzählt die Geschichte des ehrgeizigen Zimmermann-
sohnes Julien Sorel, der mit allen Mitteln gesellschaftlich
aufsteigen will. »Rot« markiert den militärischen Kar-
riereweg, »schwarz« denjenigen als Priester – dies waren die beiden einzigen Möglichkeiten für Bürgerliche
im nachnapoleonischen Frankreich. Auch zwei Liebesbeziehungen sind Julien Mittel zum Zweck: die zu der
älteren Frau eines Bürgermeisters, Mme de Rênal, bei
der er als Hauslehrer im Priesterstand arbeitet und die
er verlässt, als ein Skandal droht; und die zur Tochter
seines adeligen Gönners, Mathilde de la Mole. Als er
sich von Mme de Rênal verraten glaubt, schießt er auf
sie – sie überlebt – und wird deshalb hingerichtet. In
der Todeszelle erweist sich, dass Julien Mme de Rênal,
abgesehen von allem Ehrgeiz, liebt.

40,25–27 *Felix Krull … gern in den Armen der Mutter
statt der Tochter:* Thomas Manns (1875–1955) Roman
*Bekenntnisse des Hochstaplers Felix Krull. Der Me-
moiren erster Teil* ist ab 1910 entstanden, aber erst 1954
als Fragment erschienen. Die Titelfigur ist der Sohn eines Sektfabrikanten, der nach dem Selbstmord des Vaters gezwungen ist, seinen Lebensunterhalt selbst zu ver-
dienen. Er hat ein großes Talent zur Selbstinszenierung
und verschafft sich sogar, nachdem er die Identität eines
Marquis de Venosta übernehmen konnte, Zutritt zur europäischen Adelsgesellschaft. Der erfolgreiche Hoch-
stapler macht auf Reisen die Bekanntschaft eines Professor Kuckuck und lernt in Lissabon auch dessen Familie
kennen. Am Ende des Romanfragments hat er nicht nur
zur Tochter des Professors eine Liebesbeziehung, sondern auch dessen Frau scheint seine Liebe zu erwidern.

40,28–30 *Herr von Goethe und Frau von Stein:* Charlotte
von Stein (1742–1827) war eine Hofdame der Herzogin
Anna Amalia von Sachsen-Weimar und seit 1764 mit
dem herzoglichen Oberstallmeister verheiratet. Der um

sieben Jahre jüngere Goethe (1749–1832) schrieb ihr im
Zeitraum von 1776 bis 1786 über 1600 Briefe und gestaltete nach ihrem Bild einige seiner literarischen Frauen-
figuren. Diese Freundschaft mit der älteren Frau am Weimarer Hof wird deshalb oft als eine große Liebesbeziehung betrachtet, obwohl es keine direkten Indizien dafür
gibt, dass es auch zu einer entsprechenden körperlichen
Begegnung gekommen ist. Für Germanisten war dies immer – und ist es noch – ein weites Feld der Spekulation.

42,21 *Homers Epen:* Homers Epen *Ilias* und *Odyssee* sind
um 700 v. Chr. entstanden. Die *Ilias* erzählt die letzten
49 Tage des zehnjährigen Kriegs der Griechen gegen die
Trojaner, die *Odyssee* von der anschließenden Irrfahrt
und der Heimkehr des Odysseus, dem die Griechen ihren Sieg letztlich zu verdanken hatten. Seit der Antike
und bis heute gehören die *Ilias* und die *Odyssee* zum
festen Literaturkanon der westlichen Kultur. Die Irr-
fahrten des Odysseus über das Mittelmeer wurden zudem zum Sinnbild für das Leben des Menschen und seines Schicksals in der Welt – das Leben als Odyssee. In
diesem Sinne gibt es im *Vorleser* auch immer wieder direkte und indirekte Anspielungen auf Homers Epos,
denn der Ich-Erzähler deutet auch seine jahrzehntelan-
gen Versuche, mit dem Schuldproblem seines Lebens
fertig zu werden, als Odyssee (zu diesem Motiv vgl.
auch Köster, 2000, S. 89–91).

42,21 *Ciceros Reden:* Marcus Tullius Cicero (106–43
v. Chr.) war bereits in jungen Jahren einer der erfolg-
reichsten Anwälte der damaligen Weltmetropole Rom
und als glänzender Redner vor Gericht berühmt. Seine
Reden als Anwalt und Politiker wurden schon in römi-
scher Zeit zur verbindlichen Norm für alle, die sich mit
Redekunst befassten. Heute gehören sie zu den wichtigsten Dokumenten der Weltliteratur, sowohl ihrer
stilistischen Meisterschaft wegen als auch als repräsenta-
tiver Spiegel ihrer Epoche.

42,21–23 *Hemingways Geschichte:* Die parabelhafte Erzählung *The Old Man and the Sea* (1952) des amerikanischen Schriftstellers Ernest Hemingway (1899–1961) war
international ein Bestseller der 50er Jahre (1953 erschien
die erste deutsche Übersetzung, *Der alte Mann und das
Meer*). Santiago, der alte Mann, kämpft im Golfstrom
vor Havanna (Kuba) tagelang allein mit dem größten
Fisch, den er je an der Angel hatte. Den Kampf gewinnt
er, doch auf dem Rückweg fressen Haie seine Beute.

42,24 *Odyssee:* vgl. Anm. zu 42,21.

42,25 *Reden gegen Catilina:* Lucius Sergius Catilina, der
aus verarmtem römischen Adel stammte, unternahm im
Jahre 63 v. Chr. einen Putschversuch gegen den römischen Senat. Cicero (vgl. Anm. zu 42,21), der in diesem
Jahr Konsul war, konnte diese »Verschwörung« aufde-
cken und ließ Catilinas Anhänger hinrichten. Dieser
selbst fiel 62 v. Chr. bei dem Versuch zu fliehen. Ciceros
vier Reden gegen Catilina, die »Catilinarien«, hatten
entscheidenden Anteil am Sieg über die Putschisten, sie
wurden 60 v. Chr., drei Jahre nach den Ereignissen, von
Cicero herausgegeben.

43,1 *»Emilia Galotti«:* Dieses Trauerspiel von Gotthold
Ephraim Lessing (1729–1781) aus dem Jahre 1772 ist immer noch eine klassische Deutschlektüre. Es geht darin
um die Konfrontation von adeligen und bürgerlichen
Werten, aber auch um die Widersprüche, die diese Werte
in den Menschen erzeugen, die sich mit ihnen ungebro-
chen identifizieren. Ein Beispiel dafür ist das Verhalten
der Titelfigur Emilia, die kurz vor ihrer Hochzeit mit einem Grafen steht, den ihr Vater für sie als Ehemann aus-
gesucht hat. Als der Prinz des Landes ihr nachstellt
(II,6), merkt sie, dass sie ihrem eigenen Begehren ohn-
mächtig ausgeliefert ist, muss dies aber gleichzeitig durch
die verinnerlichte väterliche (und bürgerliche) Moral vor
sich selber leugnen. Dieser Zwiespalt wird von Lessing
auf die Spitze getrieben, als Emilias Vater sie am Ende

auf ihre eigene Bitte hin erdolcht, um die Tochter vor dem Verlust ihrer Tugend zu schützen. In Wahrheit geht es Vater und Tochter aber darum, die anerzogenen bürgerlichen Selbstbilder und Verdrängungen aufrechtzuerhalten. Der englische Germanistikprofessor Jeremy Adler (*Times Literary Supplement*, 22. März 2002; vgl. Kap. V, S. 127 f.) stellt in seiner Lesart dieser Geschichte solche Zusammenhänge auf den Kopf, wenn er am festen Gegensatzpaar Täter (gewalttätiger Landesherr) und Opfer (unschuldige Emilia) festhält und Emilias Tod nur als »Akt der Selbstverteidigung« deutet. Solche Zuordnungen werden von Lessing aber – und dies entspricht durchaus der Figurenkonzeption im *Vorleser* – gerade bewusst aufgebrochen. Der Prinz ist nicht nur ein gewalttätiger Verführer, sondern auch ein »Mensch«, der zu aufrichtigen Gefühlen in der Lage ist. Emilia ist nicht nur die unantastbare Tugend, sondern eine junge Frau mit erwachender Sinnlichkeit, die selber nicht glaubt, dass sie unverführbar ist. Bei Lessing wie bei Schlink werden die Charaktere ambivalent, mit sich teilweise widersprechenden Attributen beschrieben, das Denken in Kategorien von Gut und Böse wird kritisch hinterfragt.

43,1 *»Kabale und Liebe«:* Auch dieses »Bürgerliche« (im Sinne von: »Menschliche«) Trauerspiel von Friedrich Schiller (1759–1805), das 1784 uraufgeführt wurde, ist immer noch eine beliebte Schullektüre zur literarischen Epoche des »Sturm und Drang«. Es geht darin um die unglückliche Liebe eines jungen Paares aus unterschiedlichen Ständen. Der Adelige Ferdinand liebt die bürgerliche Tochter eines Musikers, Luise Miller. Je mehr Hindernisse sich dagegen auftürmen und eine Intrige (die »Kabale«) die Liebe verhindern will, desto absoluter wird deren Anspruch. Letztlich scheitert diese Liebe aber weniger am äußeren Standesgegensatz oder an der Intrige, sondern mehr an der unbewussten Fixierung der beiden Liebenden auf die jeweiligen verinnerlichten

Normen ihrer gegensätzlichen Lebenswelten. Das Zusammenspiel der unterschiedlichen Verhaltensweisen stellt einen Schuldzusammenhang her, bei dem alle Hauptfiguren auf ihre Weise zur Katastrophe beitragen. Noch mehr als Lessing durchbricht Schiller damit das einfache Täter-Opfer-Schema, verschärft gleichzeitig aber – vor dem Hintergrund der zeitgenössischen Menschenrechtsdiskussion der Aufklärung – die Sozial- und Adelskritik.

45,4 *Schwetzingen:* Dieser Ort, etwa 12 km südwestl. von Heidelberg gelegen, ist vor allem durch seinen Spargelanbau bekannt und war im 18. Jh. Sommerresidenz der pfälzischen Kurfürsten. Das berühmte Schloss aus jener Zeit und ein großer Schlosspark im englischen und französischen Stil mit zahlreichen sehenswerten Bauten machen den Ort sowohl für die Heidelberger als auch für die Touristen zu einem beliebten Ausflugsziel. Deshalb war die Bahn, wie Hanna erklärt, auf der Rückfahrt immer voll (45,6).

45,4 *Eppelheim:* Kleinstadt und Bahnstation auf dem Weg nach Schwetzingen.

51,12 f. *Wimpfen, Amorbach und Miltenberg:* Michael und Hanna haben auf ihrer viertägigen Radtour zu diesen drei Orten ein Dreieck von etwa 150–200 km ausgefahren. *Bad Wimpfen* ist ein altes Städtchen am Neckar, etwa 15 km nordwestl. von Heilbronn gelegen. *Amorbach,* Städtchen und Luftkurort in Unterfranken (Bayern), liegt im östl. Odenwald (vgl. Anm. zu 53,4). Nicht weit entfernt davon befindet sich die kleine unterfränkische Kreisstadt *Miltenberg* (Bayern) in schöner Lage im Maintal.

52,3 f. *Heiliggeistkirche:* gotischer Kirchenbau im östl. Bereich des Marktplatzes (vgl. Stadtplan S. 8/9).

52.8 *Pyramide:* ägyptischer Grabbau.

53,4 *Odenwald:* Dieses abwechslungsreiche südwestdt. Mittelgebirge liegt zwischen dem Neckar im Süden,

dem Main im Norden und der Oberrheinischen Tief-
ebene im Westen (vgl. auch Anm. zu 90,11).

53,4 *Forsythien:* Diese beliebten Ziersträucher mit gelben
Blüten (deshalb auch: Gelbbecher, Goldwinde, Gold-
weise) blühen vor allem im April.

54,8 ff. *einzigen Streit:* zum Ausflug mit dem Fahrrad und
der Streitszene vgl. Moers (1999), S. 48–52.

56,12–24 *Eichendorffs »Taugenichts«:* Die Novelle *Aus
dem Leben eines Taugenichts* (1826) von Joseph von Eichendorff (1788–1857) erzählt in einem märchenhaften
Grundton aus der Ich-Perspektive die Geschichte eines
Müllersohnes, der sein Elternhaus verlässt und mit seiner Geige auf Wanderschaft geht, um sein Glück zu machen. Sein mehr unbewusstes Ziel ist Italien, vor allem
Rom, in dessen Künstlerkreisen er eine Verwechslungs-
komödie, einige Enttäuschungen und auch eine Verfolgung erlebt. Die Novelle vermittelt als Wunschbild eine
Lebensweise, die sich der zweckrationalen Zurichtung
auf Beruf und Karriere entzieht. Hannas Reaktion darauf verweist auf ihre ganz andere Existenzform, die aus
Anstrengung, rigider Arbeitsmoral und äußerlichem
Pflichtgefühl besteht. Eichendorffs spätromantische
Novelle ist mit z. T. sehr bekannt gewordenen Gedich-
ten durchsetzt und verwoben, beispielsweise »Wem
Gott will rechte Gunst erweisen«, oder »Wohin ich geh
und schaue« u. a.

56,15 *»Emilia Galotti« und »Kabale und Liebe«:* vgl.
Anm. zu 43,1.

57,9 f. *für Rilke und für Benn geschwärmt:* Der in Prag
geborene Rainer Maria Rilke (1875–1926) war der
bedeutendste deutschsprachige Lyriker der Jahrhundertwende. Gottfried Benn (1886–1956), der zu den
wichtigsten Lyrikern der literarischen Moderne zählt,
stammt – wie auch Bernhard Schlink – aus einem pro-
testantischen Pfarrhaus. In den 50er Jahren war Benn
Förderer der modernen Lyrik und prägte das ästheti-

sche Denken einer ganzen Generation von Dichtern. Benns skeptische Haltung gegenüber politisch engagierter Dichtung (»Können Dichter die Welt ändern?«, 1930) hat vielleicht teilweise auch Schlinks eigene Vorstellung vom Begriff des politischen Schriftstellers mitbestimmt (vgl. Bernhard Schlink, »Schlage die Trommel!«, in: *Der Tagesspiegel*, 26. März 2000).

59,11–14 *Jeans … etwas Besonderes:* Die Jeans, urspr. Blue Jeans genannt, wurde in den 50er Jahren aus den USA nach Europa exportiert und kam schnell in Mode. Für Mädchen gab es die Jeans auch im Schnitt der Fischerhose: Sie war knöchel- bis wadenlang, um die Hüften bequem geschnitten, jedoch unterhalb der Knie extrem eng. Als praktische und strapazierfähige Freizeithose transportierte die Jeans auch ein Lebensgefühl von Freiheit und bot eine willkommene Ausdrucksform für den Protest gegen die bürgerlichen Eltern. Zu einer allgemein akzeptierten und zu jedem Anlass getragenen Hose wurde die Jeans erst ab den 70er Jahren.

59,15 f. *Befreiung von Fischgrätanzügen und großblumig gemusterten Kleidern:* In den 50er Jahren gab es für Sommerkleidung – mit oft weiten Röcken für Mädchen – helle Farben mit klar herausgestellten Blumenmustern. Anzüge waren meist mit klassischen Längsstreifen gemustert und fischgrätartig – diagonal versetzt aneinander stoßend – gewebt. Was für die herrschende Mode Eleganz und Damenhaftigkeit verkörperte, fanden junge Mädchen oft bieder und spießig. Deshalb lehnt Michaels kleine – und leicht rebellische – Schwester die Kleider ihrer Mutter ab, tauscht die weiten Röcke gegen Jeans und legt einen – vermutlich schwarzen – Pullover (Nicki) an.

61,25 *Kant:* Immanuel Kant (1724–1804), Professor im preußischen Königsberg, war einer der bedeutendsten Denker der Philosophiegeschichte, der neue und wegweisende Erkenntnisse geliefert hat. Er fordert von den

Menschen, selbst zu denken und sich unabhängig von Autoritäten auf die Kraft der eigenen Vernunft zu verlassen. Wichtig ist in Bezug auf den *Vorleser* seine Moralphilosophie: Moral habe nichts mit Streben nach Glück zu tun, sondern nur mit dem guten Willen und der Pflichterfüllung. Mit seinem »Kategorischen Imperativ« (»Handle nur nach derjenigen Maxime, durch die du zugleich wollen kannst, dass sie ein allgemeines Gesetz werde«, 1785) wollte er der Autonomie des Menschen Ausdruck verleihen und diesem einen neuen moralischen Maßstab an die Hand geben, mit dessen Hilfe er entscheiden kann, was moralisch ist und was nicht.

61,25 *Hegel:* Georg Wilhelm Friedrich Hegel (1770–1831) war der einflussreichste Philosoph und Professor an der Berliner Universität im frühen 19. Jh. Sein philosophisches System entwickelte sich zur herrschenden Mode unter den Akademikern. In der Geschichte der Menschheit sieht er einen Fortschrittsprozess mit einer stufenweisen Entfaltung der menschlichen Vernunft. Am Ende stehe das absolute Wissen und die Vollendung der Philosophie.

62,1 f. *Passage über Analytik und Dialektik:* Analytik ist die logische Klärung der philosophischen Begriffe und Argumente und die systematische Beschreibung begrifflicher Zusammenhänge. Dialektik (griech.: ›Unterredungskunst‹) benennt urspr. die Kunst der Gesprächsführung und eine Methode formaler Wahrheitsfindung. Kant, auf den sich die Passage bezieht, benutzt den Begriff noch in diesem Sinne. Hegel hingegen hat ihn dann so geprägt, wie er heute verstanden wird, als Methode der Philosophie und des Fortschritts, die berücksichtigt, dass Bewusstsein und Wissen dynamisch sind und sich durch Entgegensetzung und Auseinandersetzung entwickeln, nicht durch reine Beobachtung und bloßes Begreifen.

63,1–18 *Beginn eines Schuljahres … wurden auch wir aufgelöst und verteilt:* Diese Passage bezieht sich auf das humanistische Kurfürst-Friedrich-Gymnasium (KFG) in Heidelberg, das Bernhard Schlink in den 50er Jahren besuchte und wo er Ostern 1963 sein Abitur machte. Hier begann 1959 das neue Schuljahr nach den Osterferien, wie es in Baden (und Württemberg) bereits seit dem Schuljahr 1951/52 üblich war – durch das Einschieben eines Kurzschuljahres (Herbst 1951 – Ostern 1952). Seitdem diese Regelung in den Jahren 1967 und 1968 durch zwei Kurzschuljahre wieder korrigiert wurde, beginnt auch in Baden-Württemberg das neue Schuljahr wieder nach den Sommerferien. Die »Obersekunda« (63,3), auf die Michael Berg im April 1959 wechselt, war damals die 7. Klasse und entspricht heute der 11. Jahrgangsstufe des Gymnasiums. Am KFG gab es in den 50er Jahren regelmäßig drei Parallelklassen, von denen eine nur aus Jungen bestand und zwei aus Mädchen und Jungen gemischt waren. Den beschriebenen Vorgang der Klassenauflösung kann Bernhard Schlink selbst so nicht erlebt haben, weil seine Klasse am KFG von Beginn an eine gemischte war. Aber ein Jahr vor seinem Abitur, an Ostern 1962, ist tatsächlich am Ende der 9. Jahrgangsstufe eine reine Jungenklasse (Obertertia c) auf die beiden anderen – gemischten – Parallelklassen aufgeteilt worden, so dass es im Schuljahr 1962/63 in der 10. Jahrgangsstufe nur noch zwei »Untersekunden« gab. (Informationen von OStD Volker Gewahl, Direktor des KFG).

65,16–19 *Blick auf den Heiligenberg … am anderen Ufer:* Der Heiligenberg gehört nicht nur zur ersten Reihe der Odenwaldberge, sondern er stellt auch den südwestl. Eckpunkt des Großen Odenwaldes dar. Das wichtigste Gestein am Heiligenberg – über dem Stadtteil Neuenheim – ist der Sandstein (vgl. Anm. zu 8,14 f.). Der Berg

wurde zwischen 500 und 100 v. Chr. kontinuierlich von
Kelten besiedelt, die um seinen Gipfel einen doppel-
ten Ringwall anlegten, den äußeren mit einer Länge
von 3 km. Passend dazu haben die Nationalsozialisten
1934/35 im inneren Ringwall in Form eines grie-
chischen Amphitheaters eine Feierstätte errichtet, die
der Inszenierung nationalsozialistischer Massenerleb-
nisse und Propaganda diente und als Vorbild der sogenannten Thingstätten galt. Am Süd- und Südwesthang
des Heiligenbergs überwiegt die Architektur der Jahrhundertwende, die für den Ich-Erzähler so bedeutungs-
voll ist (vgl. Anm. zu 8,13–11,4). – Vom Fenster des
KFG – und der beschriebene Raum befindet sich in
diesem Gymnasium – ist der »Blick« gut nachzuvollziehen (vgl. Stadtplan S. 8/9).

66,4 f. *die Odyssee … liebe sie bis heute:* vgl. Anm. zu
42,21.

66,9–12 *Nausikaa … Es mußte eine von beiden sein:* Im
5. Gesang der *Odyssee* gerät Odysseus in einen Sturm
und wird bei der Insel des Phäakenkönigs Alkinoos an
den Strand gespült. Dort findet ihn dann (6. Gesang),
nackt und zerzaust, die Königstochter Nausikaa, die
mit ihren Freundinnen an den Strand gekommen ist, um
Wäsche zu waschen. Sie nimmt den Fremden mit an
den Hof ihres Vaters, wo man ihn herzlich empfängt
und großzügig bewirtet. Hier übernimmt nun Odysseus selbst die Rolle des Erzählers und berichtet dem
Hofstaat von seiner Vergangenheit – ähnlich wie auch
der Ich-Erzähler im *Vorleser.* Hier erst gelingt es dem
Helden, die richtigen Worte zu finden, denn Schuldig-
werden, so heißt es in der *Odyssee,* bedeute, die richtigen Worte nicht zu finden. Michael Berg ist dies bis
1994 nicht gelungen. Die Homer-Stelle im Grie-
chischunterricht bezieht der Ich-Erzähler auch viel-
schichtig auf seine eigene Situation:

»Nausikaa wird bei Homer als ›hohe, blühende Jung-frau‹ apostrophiert, als ›lilienarmige Jungfrau‹, wobei hier die Bezüge zu Sophies ›goldenen Härchen auf den nackten Armen‹ offenkundig werden. Gleichzeitig schafft der Text auch eine motivische Nähe zu Hannas Waschritualen. Nausikaa ist als einzige der am Strand spielenden Jungfrauen über den nackten, vom ›Schlamm des Meeres besudelten‹ Odysseus nicht erschrocken, be-gegnet ihm freundlich, lässt ihm Öle und Salben reichen und ihn zum reinigenden Bad im Fluss führen [...]. Dass in Michaels Fantasie Hanna und Sophie mit dem Bild Nausikaas zusammengebracht werden, ist ein Zeichen für die Verlockung, die von Sophie ausgeht.«

Hanns-Peter Reisner: Lektürehilfen. Bernhard Schlink, *Der Vorleser*. Stuttgart: Klett, 2001. [Im Folgenden zit. als: Reisner, 2001.] S. 58 f. – © 2001 Ernst Klett Schulbuchverlag, Leipzig.

67,19–68,12 »*Krieg und Frieden*« ... *die ferne Reise ge-meinsam:* Leo Nikolajewitsch Tolstois Hauptwerk *Woi-na i mir* von 1868/69 (dt. *Krieg und Frieden*, 1885) über die Napoleonischen Kriege in Russland entwirft ein realistisches Bild des russischen Jahrzehnts nach 1805. Das Zentrum des Romans bildet das Schicksal der drei Familien Bolkonskij, Besuchow und Rostow. Fürst *An-drej* Bolkonskij, ein Mädchenschwarm und Partylöwe, wird – nach vielen Schicksalsschlägen – ein Opfer des Krieges. Sein Freund *Pierre,* unehelicher Sohn des schwerreichen Grafen Besuchow, bekommt als Allein-erbe ein riesiges Vermögen, muss sich aber unglücklich verheiraten. *Natascha,* die Tochter des Grafen Rostow, findet erst nach unglücklichen Liebesbeziehungen ein stilles Glück mit ihrem Freund Pierre (Besuchow). Der Roman, einer der größten der Weltliteratur, ist Russ-lands Nationalheiligtum. Als Junge hatte Bernhard Schlink eine Verfilmung des Romans (vermutlich von

King Vidor, 1956) »mit der ganzen Familie im Kino gesehen, und danach sofort das Buch gelesen«, und *Krieg und Frieden* lese er »immer wieder« (Volker Hage / Martin Doerry, »›Ich lebe in Geschichten‹. Spiegel-Gespräch mit Bernhard Schlink«, in: *Der Spiegel*, Nr. 4, 2000 [im Folgenden zit. als: Hage/Doerry, 2000]).

68,30–69,2 *»An ein Pferd.« ... Sah mich entsetzt an:* vgl. Anm. zu 115,19 f.

69,14 f. *Cheval ... Hottehüh ... Equinchen ... Bukeffelchen:* Hier werden Variationen des Pferdevergleichs genannt. »Cheval« ist das französische Wort für Pferd, »Equinchen« ein Pferdchen nach dem lateinischen Wort *equus* ›Pferd‹, »Bukeffelchen« eine Umschreibung in Anlehnung an Bukephalas, dem Lieblingspferd Alexanders d. Gr. (356–323 v. Chr.) und »Hottehüh« das Pferd in der Kindersprache.

69,28 f. *»Kabale und Liebe« ... Hannas erster Theaterbesuch:* vgl. Anm. zu 43,1.

70,22 *Schwimmbad:* Es liegt nördl. des Neuenheimer Felds (vgl. Stadtplan S. (8/9 und Anm. zu 73,17).

73,17 *Neuenheimer Feld:* Dies war urspr. ein Garten- und Weideland am nordwestl. Rand Heidelbergs, am Klausenpfad (vgl. Stadtplan S. 8/9). Die auf dem Stadtplan dort abgebildeten Studentenhochhäuser sind bis 1963, als Bernhard Schlink gerade Abitur machte, entstanden. 1959 gab es dort die chemischen Institute, und auch einige naturwissenschaftliche Fakultäten waren dorthin bereits ausgelagert worden. Der große Bauboom erfolgte aber erst seit den 1960er Jahren.

76,6 *Nouvelle vague:* (frz.) »neue Welle«. Der Begriff ist eine Sammelbezeichnung für eine Gruppe von jungen französischen Filmemachern, die Ende der 50er Jahre mit Aufsehen erregenden Filmen debütierten und filmästhetisch auch international neue Maßstäbe setzten. Zu der Gruppe gehörten u. a. François Truffant, Claude Chabrol, Jean-Luc Godard, Alain Resnais, Jacques Rivette und Eric Rohmer. Diese Regisseure wendeten sich von den Zwängen tradierten filmischen Erzählens im Sinne eines psychologischen Realismus ab. Sie entdeckten den Film als Ausdrucksmedium für sich, das der Entfaltung der eigenen Subjektivität Raum gibt. Die Unterscheidung zwischen Fiktionalem und Dokumentarischem wurde bewusst durchbrochen: »Der Blick macht die Fiktion, die Fiktion ist genauso real wie das Dokument. Sie ist ein anderer Moment von Realität« (Godard).

76,8–14 *Wildwestfilm:* Es handelt sich um den amerikanischen Spielfilm *Warlock* von Edward Dmytryk, der am 15. Mai 1959 auch in die deutschen Kinos kam. In der Filmhandlung terrorisieren Gangster ein einsames US-Städtchen, bis ein ehemaliges Bandenmitglied als Hilfssheriff die Verbrecher ins Gefängnis bringt und den schießfreudigen Sheriff zum Verlassen des Ortes zwingt. Der »Western« verlässt das übliche Schema von Gut und Böse, zeigt negative Seiten in der Normalität der Guten und lässt einen ehemals Bösen zum guten Helden werden.

79,10 *Wilhelmsplatz:* Der kleine Platz liegt in der Nähe der Blumenstraße in Heidelberg, an der Kreuzung Kaiser- und Kleinschmidtstraße (vgl. Stadtplan S. 8/9).

79,16 *Kirchheim:* Dieser 1920 eingemeindete Stadtteil Heidelbergs liegt südwestl. der Altstadt.

84,4f. *Abitur ... Studium der Rechtswissenschaft:* Der Ich-Erzähler macht Ostern 1962 Abitur und studiert anschließend bis 1967 Jura an der Heidelberger Universität. Auch Bernhard Schlink machte am Kurfürst-Friedrich-Gymnasium in Heidelberg Abitur (vgl. Anm. 63,1–18) und studierte dort und in Berlin Rechtswissenschaften.

86,2 *KZ-Prozess:* »Der Umgang meiner Generation, also der im Krieg oder gleich nach dem Krieg Geborenen, mit der Elterngeneration ist ganz stark geprägt durch

die großen Gerichtsprozesse ab Beginn der 60er Jahre:
Eichmann in Jerusalem, der Frankfurter Auschwitzpro-
zess« (Bernhard Schlink im Interview, in: Becker, 2000).
Einmal sei er »auch Zuschauer in einem NS-Prozess«
gewesen (ebd.), er habe auch Protokolle von NS-Prozessen gelesen. Der *Eichmann-Prozess* vor dem Jerusa-
lemer Bezirksgericht – er dauerte vom 10. April 1961
bis zum endgültigen Todesurteil am 29. Mai 1962 – fand
weltweit großes Interesse. Das erste Mal wurde die systematische Ermordung der Juden mit allen Details, in
allen Phasen und aus allen Perspektiven vor einem Ge-
richtshof verhandelt. Im Mai 1960 war Adolf Eichmann
(1906–1962), der ehemalige Leiter des »Judendezernats«
im Reichssicherheitshauptamt in Berlin, der Terrorzen-
trale des NS-Regimes, von israelischen Agenten in Argentinien entführt und der israelischen Polizei übergeben worden. Danach wurde neun Monate lang bis zum
Prozess ermittelt (vgl. auch Anm. zu 193,28 f.). Der
größte Massenmordprozess der deutschen Nachkriegs-
geschichte war der »Auschwitz-Prozess« gegen »Mulka
u. a.«, gegen 22 Funktionäre des KZ Auschwitz (vgl.
Anm. zu 92,23) in Frankfurt a. M. Er dauerte von
Dezember 1963 bis August 1965 und erforderte 183
Verhandlungstage. Durch eine umfangreiche Berichter-
stattung über die Prozesstage, in der die Tötungsma-
schinerie in den Vernichtungslagern konkret beschrieben wurde, konnten zumindest in Ansätzen einer breiten Öffentlichkeit die »Abgründe unter dem Fundament des Vergessens« wieder sichtbar gemacht werden.
Dazu gehörten auch Rolle und Persönlichkeit der Täter
und Verwalter des Verbrechens, die trotz aller bezeug-
ten Brutalität und Grausamkeit meist nur beteuerten,
nichts anderes als »ihre Arbeit« gemacht zu haben. Ein
großes Verfahren gegen weibliches SS-Gefolge vor einem deutschen Gericht – und in manchen Details von
besonderer Bedeutung für den fiktiven Fall von Hanna

Schmitz – war der »Majdanek-Prozess« vor dem Düsseldorfer Schwurgericht. Er dauerte vom 26. November 1975 bis zum 30. Juni 1981 und erforderte 474 Prozesstage – das längste Verfahren gegen NS-Verbrechen. Unter den 16 ehemaligen Angehörigen der Verwaltung des Todeslagers Majdanek (Polen), die wegen Mordes und Beihilfe zum Mord angeklagt waren, befanden sich auch fünf Frauen. Im Vergleich zu diesen »großen« KZ-Prozessen ist der nur einige Monate – vom Frühjahr bis Ende Juni 1966 – dauernde fiktive der Romanhandlung tatsächlich »keiner der großen« (86,1 f.).

86,3–9 *Professor … wollte:* Dieser Juraprofessor ist eine fiktive Gestalt. Mögliche Vorbilder sind der Strafrechtler Gustav Radbruch (1878–1949), der, 1933–45 seines Amtes enthoben, in Heidelberg mit Schlinks Vater bekannt war – oder Fritz Bauer (1903–68): Dieser wurde 1933, da er aus einer deutsch-jüdischen Familie stammte, als Richter entlassen, war 1936–49 in der Emigration und dann als Generalstaatsanwalt sowohl am Zustandekommen des Eichmann-Prozesses als auch an der Anklageerhebung im Auschwitz-Prozess beteiligt.

86,10–20 *Verbot rückwirkender Bestrafung:* »Nach Art. 103 Abs. 2 GG kann eine Tat nur bestraft werden, wenn ihre Strafbarkeit vor ihrer Begehung gesetzlich bestimmt war. Die gesetzliche Bestimmung der Strafbarkeit schließt die Festlegung des Tatbestands und der Rechtfertigungsgründe ein; nur tatbestandsmäßiges und nicht gerechtfertigtes Handeln ist strafbar« (Schlink, *Vergangenheitsschuld*, S. 43).

86,21 *Emigration zurückgekehrt:* Emigrierte oder vertriebene Hochschullehrer wurden oft nicht zur Rückkehr eingeladen. Die Plätze, die sie eingenommen hatten, waren unterdessen anderweitig besetzt. Häufig wollte man auch nicht das Risiko eingehen, von den Rückkehrern herausgefordert zu werden. In Heidelberg sind nach dem Krieg von 34 emigrierten Hochschullehrern nur vier zurückgekommen (vgl. Marita Krauss, *Heimkehr in ein fremdes Land. Geschichte der Remigration nach 1945*, München 2001, S. 85), ein Juraprofessor war nicht darunter. Die Beschreibung des Ich-Erzählers (86,20 ff.) passt hingegen ein wenig auf den Philosophen Karl Löwith (1897–1973), der 1952 nach Heidelberg zurückkam und ein Außenseiter geblieben ist (Hinweis von Eike Wolgast, Archiv der Universität Heidelberg).

87,4–6 *»Sehen Sie sich die Angeklagten an …«:* Dies bezieht sich wohl indirekt auf ein naturrechtliches Argument Gustav Radbruchs aus dem Jahre 1946, dessen sich auch das BVfG bediente, die Radbruch'sche Formel: »Der Widerspruch des positiven Gesetzes zur Gerechtigkeit muß so unerträglich sein, daß das Gesetz als unrichtiges Recht der Gerechtigkeit zu weichen hat« (zit. nach: Schlink, *Vergangenheitsschuld*, S. 45). Demnach waren die Morde der Angeklagten so eindeutiges Unrecht, dass ihr moralisches Bewusstsein ihnen auf jeden Fall hätte sagen müssen, dass sie etwas Falsches tun. Auch wenn die Tötung der Juden nicht strafbar war, so sei dennoch der Widerspruch zur Gerechtigkeit so unerträglich gewesen, dass jedem hätte klar sein müssen, dass das Ermorden der Juden Unrecht war. Der Juraprofessor im Roman geht so nicht nur von einem objektiven Unrecht aus, sondern auch von einem subjektiven Unrechtsbewusstsein der Angeklagten. Er hält diese damit eindeutig für Täter, für subjektiv schuldig und verantwortlich. Auch die westdeutsche Justiz definierte den Täter nicht über den objektiven Tatbestand, sondern über den subjektiven Willen, die »innere Bejahung« der Taten. Die Folge war jedoch, dass sich die meisten Täter zu »Gehilfen« in einem ihnen fremden Geschehen machten. Der subjektive Täterwille war ihnen selten zu beweisen, eine Verurteilung von NS-Gewalttaten erfolgte deshalb häufig nur wegen Beihilfe zum Mord. Der Wille – ob bewusst oder unbewusst –

zur Selbstentlastung der deutschen Gesellschaft auch
bei den Gerichten führte dazu, allein Hitler und Himmler als echte Täter zu betrachten. Selbst Führer von Erschießungskommandos verwandelten sich in reine Befehlsempfänger, die auf milde Strafen hoffen durften.

87,14–29 *Aufarbeitung der Vergangenheit!… Aufklärung zu Scham:* Der Ich-Erzähler benutzt hier – in einer Anspielung auf Adornos Vortrag »Was bedeutet: Aufarbeitung der Vergangenheit« von 1959 – nicht den gebräuchlichen Begriff »Vergangenheitsbewältigung«, der in erster Linie die Auseinandersetzung mit Vergangenem unterstellt, sondern ihm geht es um den Umgang mit den Nachwirkungen in der Gegenwart. Der Gefühlsgehalt der Verben »bewältigen« und »aufarbeiten« ist unterschiedlich: die »Bewältigung« wirkt belastender und persönlicher als das nüchterne und distanzierte »Aufarbeiten« (vgl. Bert Pampel, »Was bedeutet ›Aufarbeitung der Vergangenheit‹?«, in: *Aus Politik und Zeitgeschichte*, B 1–2, 1995, S. 27–38, bes. S. 30). Bernhard Schlink hingegen benutzt die Begriffe »Aufarbeitung« und »Bewältigung« der Vergangenheit offenbar ohne diese Unterscheidung; er hat mehrmals eindeutig klargestellt, dass eine »Bewältigung« nicht möglich ist (*Vergangenheitsschuld*, S. 89, 151 ff.), es aber »das bewußte Leben mit dem [gibt], was die Vergangenheit gegenwärtig an Fragen und Emotionen auslöst« (ebd., S. 153).

87,15 *Avantgarde:* (frz.) Vorhut, Vortrupp, Vorkämpfer für den allerneuesten Trend.

88,2 *Offiziere der Wehrmacht:* Seit der Wiedereinführung der allgemeinen Wehrpflicht im Deutschen Reich durch das Wehrgesetz vom 16. März 1935 wurden die deutschen Streitkräfte nicht mehr »Reichswehr«, wie in der Weimarer Republik, sondern »Wehrmacht« genannt. Es handelte sich auch, vor allem seit dem kriegsmäßigen Ausbau ab 1939, weitgehend um eine institutionelle Neuschöpfung der NS-Diktatur. Dazu bildete sich auch

eine neue, oft nationalsozialistisch beeinflusste Militär-
elite heraus. Unter den etwa 150 000 Offizieren, von denen der größte Teil an der Ostfront das lokale Geschehen bestimmte, war ein Teil durch aktive Beteiligung –
insbesondere in der besetzten Sowjetunion – auch für
den Massenmord an Zivilisten, an Männern, Frauen und
Kindern mitverantwortlich. Die Zusammenarbeit zwischen Teilen der Wehrmacht und SS-Erschießungskom-
mandos (vgl. Anm. zu 88,3) war gängige Praxis (vgl.
Wolfram Wette, *Die Wehrmacht. Feindbilder, Vernichtungskrieg, Legenden*, Frankfurt a. M. 2002). Die Tradition des Antisemitismus war im deutschen Offizierskorps stark, insbesondere Laufbahnoffiziere zeigten sich
als überdurchschnittlich nazifiziert und loyal. Vor westdeutschen Gerichten wurden Wehrmachtsverbrechen
nicht verfolgt, denn man betrachtete von Wehrmachts-
soldaten begangene Exzessmordtaten als verjährt. Im
neuen Offizierskorps der Bundeswehr befanden sich
1959 unter 14 900 Berufssoldaten 12 360, die in der NS-
Zeit zu Offizieren ernannt worden waren, sowie weitere
300 aus dem Führungskorps der SS (vgl. Jens Scholten,
»Offiziere: Im Geiste unbesiegt«, in: *Karrieren im Zwielicht. Hitlers Eliten nach 1945*, hrsg. von Norbert Frei,
Frankfurt a. M. / New York 2001, S. 131–177). Sich diese
– und die folgenden – Fakten zu vergegenwärtigen, ist
wichtig, um sich die vom Ich-Erzähler nicht ausgeführte
Realität im Verhältnis zwischen den »Vätern«, die alle-
samt zu den Stützen des NS-Regimes gehört haben, und
den Söhnen, den Jurastudenten, klar zu machen.

88,3 *Offiziere der Waffen-SS:* Die Waffen-SS (»Schutz-
staffel«) war seit November 1939 die Sammelbezeichnung für die bewaffneten Verbände der SS. Dazu gehörten die »SS-Verfügungstruppe«, eine Art Privatarmee
Hitlers, und die SS-Totenkopfverbände. Deren Mitglieder trugen auf Uniformmützen und Schulterstücken einen Totenkopf, sie stellten die Mannschaften für die

Konzentrations- und Vernichtungslager. Die Waffen-SS stand unter dem Kommando Heinrich Himmlers und war eine mächtige Organisation jenseits von Partei und Staat, die mit 39 Divisionen den größten Bereich der SS darstellte und 1944 etwa 900 000 Mann zählte. Sie galt, zumindest am Anfang, als NS-Elitetruppe mit »einer besonderen Mentalität: Kampf um des Kampfes willen, Gehorsam ohne Überlegung, Härte als Abhärtung, aber auch Verhärtung gegenüber mitmenschlichen Regungen, Verachtung aller ›Minderwertigen‹, Kameradschaft und Kameraderie, übersteigerter Heroismus« (Hellmuth Auerbach, Art. »Waffen-SS«, in: *Legenden, Lügen, Vorurteile. Ein Wörterbuch zur Zeitgeschichte*, hrsg. von Wolfganz Benz, München [12]2002 [im Folgenden zit. als: Benz, 2002], S. 211 f.). Viele ihrer Einheiten und Offiziere fielen fast auf allen Kriegsschauplätzen durch besonderen Fanatismus und immer wieder durch Gräueltaten gegen Zivilbevölkerung, Kriegsgefangene und Partisanen auf. Der Internationale Militärgerichtshof in Nürnberg erklärte deshalb 1946 die Waffen-SS wegen Kriegsverbrechen und Verbrechen gegen die Menschlichkeit zur »verbrecherischen Organisation«. 1961 bekamen ihre ehemaligen Mitglieder in der BRD den Status von Wehrmachtsangehörigen – mit allen positiven Rechtsfolgen – zugesprochen.

88,3 f. *Karrieren in Justiz und Verwaltung:* Besonders Karriere*juristen*, Richter, Staatsanwälte, Juristen in den Verwaltungsgerichten und in den neu geschaffenen Erbgesundheitsgerichten, haben sich seit Hitlers Machtübernahme – und oft schon davor – in den Dienst des NS-Regimes gestellt, insbesondere die Strafjustiz. Sie haben den Weimarer Rechtsstaat systematisch ausgehöhlt, den Terror des NS-Regimes in Gesetzesform gefasst und im Übersoll hingerichtet. Die zivilen Strafgerichte verhängten etwa 17 000 Todesurteile, für 11 000 davon waren die Sondergerichte verantwortlich. Massenhafter Justizmord zur Ausgrenzung und »rassischen Auslese« gehörte vor allem seit 1941 zum normalen Alltag, am Ende des Krieges gab es 46 Tatbestände, bei denen die Todesstrafe drohte. Weit grausamer war die Militärgerichtsbarkeit: Sie hat über 30 000 – auch vollzogene – Todesurteile zu verantworten, vor allem wegen Desertion und sogenannter »Wehrkraftzersetzung«. »Der Dolch des Mörders war unter der Robe des Juristen verborgen« (aus dem Urteil im Nürnberger Juristenprozess). Selbst Handelsrichter und Familienrichter spielten im Vernichtungskampf gegen die jüdischen Mitbürger eine unrühmliche Rolle. Bis zur Gründung der Bundesrepublik Deutschland war die übergroße Mehrheit der alten NS-Juristen wieder im Amt, so dass die westdeutsche Justiz der Adenauerzeit überwiegend aus ehemaligen NS-Richtern und NS-Staatsanwälten bestand. Im Justizministerium und im Auswärtigen Amt kümmerten sich ganze Seilschaften einstiger Kriegs- und Sonderrichter um die Interessen ihrer Kollegen – oft hochrangige SS-Täter. Bis auf ganz wenige Ausnahmen wurde kein NS-Richter wegen Rechtsbeugung zur Rechenschaft gezogen, auch nicht die blutigen Richter am Volksgerichtshof in Berlin. Die Juristen haben sich selbst freigesprochen, viele blieben bis zu ihrer Pensionierung im Amt. Auch in den Hochschulen unterrichteten wieder »furchtbare« Strafrechtslehrer den juristischen Nachwuchs. Der fiktive Juraprofessor (86,3–87,11) ist deshalb nicht zufällig »ein Außenseiter geblieben« und vielleicht auch eine Wunschprojektion Bernhard Schlinks. Realistischer ist die Feststellung, dass die »meisten Rechtswissenschaftler, die in den fünfziger und sechziger und bis in die siebziger Jahre lehrten, ihre wissenschaftlichen Karrieren in der Zeit des Nationalsozialismus begonnen und gefördert [hatten], sie hatten sich damals entsprechend engagiert und geäußert« (Schlink, *Vergangenheitsschuld*, S. 131).

88,4 *Lehrer:* »Da gab es den glänzenden Lehrer, der später als an irgendwelchen Furchtbarkeiten beteiligter SS-
Mann enttarnt wurde« (Bernhard Schlink in einem
Spiegel-Interview, Hage/Doerry, 2000). Die unbezwei-
felbare Kontinuität der deutschen Lehrerschaft aller
Schularten vor und nach 1945 und bis in die 70er Jahre
ist von allen »Eliten Hitlers« noch am wenigsten wis-
senschaftlich erforscht. Gerade bei den Führungsposi-
tionen der SS spielten sie eine wichtige Rolle.

88,5 *Ärzte:* Ein Teil der verbeamteten Mediziner stellte
sich nach 1933 in den Dienst einer vom »Rassegedan-
ken« beherrschten Politik und leistete die theoretische
Vorarbeit, die in ihrer praktischen Konsequenz zu den
Mordanstalten der NS-Zeit geführt haben. Rassen-
hygiene war seit 1939 für Mediziner obligatorisches
Prüfungsfach, bis dahin waren auch schon mehrere
hunderttausend Frauen und Männer zwangsweise ste-
rilisiert – bzw. kastriert – worden, weil sie zu den »un-
erwünschten Elementen« gezählt wurden. Zahlreiche
Ärzte beteiligten sich an NS-Euthanasie-Programmen
und an medizinischen Experimenten in den Konzen-
trations- und Vernichtungslagern. Die Elite der deutschen Medizin wusste von den Verbrechen, auch No-
belpreisträger. Weltbekannte Pharmafirmen ließen sich
ihre Produkte an KZ-Häftlingen in tödlichen Versuchen »testen«. Bereits der Nürnberger Ärzteprozess
hatte den Anteil der Medizin an den Verbrechen des
Dritten Reiches aufgezeigt, es ging um das »Heil der
arischen Rasse«, nicht um die Gesundheit aller Patien-
ten. Trotzdem ließen sich nach 1945 viele Mediziner,
die kurz vorher noch »Euthanasie«-Experten waren
oder im KZ »selektiert« hatten (vgl. Anm. zu 106,12),
als praktische Ärzte nieder. Vielen gelangen auch neue
Karrieren als Wissenschaftler in den wiedereröffneten
Universitäten oder als Vorsitzende von Pharmaunter-
nehmen (vgl. Ernst Klee, *Deutsche Medizin im Dritten*

Reich. Karrieren vor und nach 1945, Frankfurt a.M. 2002).

88,6 *Reichsminister des Innern:* Das Reichsministerium des Innern hat zahlreiche NS-Gesetze zur Gleichschaltung und zur antisemitischen Rassenpolitik ausgearbeitet, war maßgeblich an Massenmorden an Geisteskranken und Behinderten (Aktion T 4 1938–41) beteiligt und hatte Einfluss im Bereich der Konzentrationslager. Erster Reichsminister des Innern war 1933–43 der Jurist Wilhelm Frick (1877–1946), der im Nürnberger Prozess 1946 unter anderem wegen Verbrechen gegen die Menschlichkeit zum Tode verurteilt wurde. Im August 1943 wurde Heinrich Himmler (1900–45) zweiter Reichsminister des Innern bis 1945. Als Herr über den gesamten NS-Terrorapparat trug er für Organisation und Durchführung des Mordes an den europäischen Juden in letzter Instanz die Verantwortung.

88,9–12 *Mein Vater:* Die Figur des Vaters im Roman ist zwar gegenüber dem realen Vorbild etwas verfremdet und in Details abgeändert, aber einige Parallelen verweisen doch auf Bernhard Schlinks eigenen Vater Edmund Schlink (1903–84). Dieser hatte sich 1934 in Gießen habilitiert, dort seinen Lehrstuhl an der evangelisch-theologischen Fakultät aber als Mitglied der »Bekennenden Kirche« – einer Gruppe innerhalb der evangelischen Kirche, die dem Nationalsozialismus eher kritisch gegenüberstand – verloren. 1935–39 war er an der kirchlichen Hochschule in Bethel (bei Bielefeld) als Dozent und dann bis 1945 als Pfarrer und für den Reisedienst der Bekennenden Kirche tätig. 1945 als ordentlicher Professor für Systematische Theologie nach Heidelberg berufen, gründete er dort 1946 das erste ökumenische Universitätsinstitut in Deutschland. Als Sprecher der nichtkatholischen Konzilsbeobachter beim Zweiten Vatikanischen Konzil wurde er international bekannt (vgl. *Deutsche Biographische Enzyklopädie*, hrsg. von

Walther Killy und Rudolf Vierhaus, München 1998, Bd. 8, S. 679). Eine Elternanklage, wie sie der Ich-Erzähler bekennt (88,14f.), hat es in der Familie des Autors nicht gegeben. Stattdessen »hatten [wir] Gäste zu Hause mit der KZ-Tätowierung, so dass darüber geredet wurde« (Interview mit Petra Kammann, in: *Buchjournal*, Nr. 1, 2000, S. 14–17 [im Folgenden zit. als: Kammann, 2000], hier S. 17). Das Dritte Reich, so Schlink, »war in unserer gesamten Lebenswelt vielfach vertreten« (ebd.). »Ich habe nie eine antisemitische Bemerkung [bei meinem Vater] gefunden und auch nie von ihm gehört. Dass die Kirchen sich im Dritten Reich stärker für die Juden hätten einsetzen müssen und dieser Pflicht nicht nachgekommen sind, war für ihn klar« (Rohwer, 2001). Nach dem Krieg hatte Edmund Schlink jedoch Predigten gehalten, die ganz auf Versöhnung abgestimmt waren: »Sogar er, der als Mitglied der Bekennenden Kirche seinen Lehrstuhl für Theologie verloren und keinen Grund hatte, mit den Nazis milde umzugehen, war ganz auf Versöhnung gestimmt. Er plädierte dafür, dass man einander vergibt und annimmt und dass das völlig zerstörte Land von allen gemeinsam wieder aufgebaut wird« (Schlink in einem Interview, Kübler, 2000). Der Haushalt bei den Schlinks war »sehr evangelisch [...] mit allabendlicher Bibellektüre. Nach dem Essen blieb die ganze Familie in der Runde sitzen, es wurde reihum ein Vers gelesen, und wenn ein Kapitel beendet war, hat mein Vater mit uns darüber gesprochen« (Rohwer, 2001). Das hohe Ethos der Pflichterfüllung, die Erwartung, »immer das Beste geben zu wollen«, habe er jedoch als eine »sehr starke Vereinnahmung des inneren Menschen«, als »Vergewaltigung, die nicht eben leicht zu ertragen war«, empfunden (ebd.). Die Beziehung zu seinem Vater sei »weder besonders vertrauensvoll noch besonders nahe bis hin zu wirklich versäumten Chancen« gewesen (ebd.).

88,11f. *Spinoza:* Baruch de Spinoza (1632–77) war Frei-
denker und Humanist. Geboren in Amsterdam, stammte er aus einer Familie von portugiesischen Juden, die
vor der Inquisition in die Niederlande geflüchtet waren.
Sein Skeptizismus und seine freien Ansichten führten
dazu, dass er aus der jüdischen Gemeinde ausgeschlos-
sen wurde. Den größten Teil seines Lebens verbrachte
er deshalb isoliert und einsam. In seinem Hauptwerk,
der *Ethik, nach geometrischer Methode dargestellt*
(1677), entwirft er eine Vernunftreligion: Alles Wirkliche ist von Gott durchdrungen, die Natur und Gott
sind eins. Seiner Ansicht nach ist der Zweck des Staates,
die Freiheit der Bürger zu schützen. Mit seinem Eintre-
ten für Vernunft, Freiheit und Toleranz war er ein Vorläufer der Aufklärer, wurde jedoch stets – auch aus antisemitischen Gründen – angefeindet und verleumdet.
Eine Vorlesung über Spinoza im Nationalsozialismus
war also ein sehr riskantes Unternehmen und hätte das
persönliche Motto des Philosophen beachten sollen:
Caute! (»Sei vorsichtig!«).

89,3 *Sachsenspiegel:* Der »Spiegel der Sassen« ist das älte-
ste und bedeutendste deutsche Rechtsbuch des Mittelal-
ters, zwischen 1220 und 1230 von dem ostsächsischen
Ritter Eike von Repkow zunächst auf Latein verfasst,
dann von ihm selbst ins Niederdeutsche übersetzt. Er
wollte die wirklichen Verhältnisse des sächsischen Ge-
wohnheitsrechts wiedergeben, eben spiegeln. Obwohl
eine Privatarbeit, wurde das Werk wegen des großen
Erfolgs schnell zu einem offiziellen Gesetzesbuch. Die
damals bekannten Urteile teilte der Autor in Landrecht
(Stammesrecht der Bauern) und Lehnrecht (Rechtsord-
nung des Adels) ein.

89,4 *rechtsphilosophische Altertümer:* Dieser Begriff ist
vermutlich eine Wortneuschöpfung Bernhard Schlinks,
denn so existiert er nicht. Gemeint sind vielleicht
»Rechtsaltertümer«, also Überreste archäologischer,

mündlicher und schriftlicher Art, die Auskunft über altes Recht und Rechtszustände geben. Wahrscheinlicher ist jedoch, dass sich der Ich-Erzähler als Jurastudent auf die rechtsphilosophischen Schriften bezieht, die sich in der Antike und im Mittelalter systematisch und historisch mit den Grundlagen des Rechts beschäftigten.

90,1 *in einer anderen Stadt:* Gemeint ist wohl Frankfurt a. M., der Ort der Auschwitz-Prozesse gegen SS-Angehörige (1963–65, 1977–81).

90,11–13 *blühenden Obstbäumen … Bergstraße:* Die Bergstraße entspricht der Bundesstraße 3, der Strecke zwischen Heidelberg und Darmstadt, deren südl. Teil zu Baden-Württemberg, deren nördl. Teil zu Hessen gehört. Am Gebirgsrand verlaufend, wird sie besonders durch feuchte und warme Luft vom Atlantik verwöhnt, was oft zu einem besonders schönen Frühling führt. Die Textstelle korrespondiert wohl bewusst mit einer Schlüsselpassage in den von Martin Broszat herausgegebenen *Autobiographischen Aufzeichnungen des Rudolf Höß*, eines Kommandanten im KZ Auschwitz (München, [18]2002, S. 194): »Im Frühjahr 1942 gingen Hunderte von blühenden Menschen unter den blühenden Obstbäumen des Bauerngehöftes, meist nichtsahnend, in die Gaskammern, in den Tod«. Die Studenten befinden sich – nichts ahnend – auf dem Weg zum KZ-Prozess, um dort dann mit den NS-Gewaltverbrechen konfrontiert zu werden. Wie sehr die ungeheuerlichen Szenen, die sich unmittelbar vor der »Vergasung« abgespielt haben, in der beobachtenden Perspektive des KZ-Kommandanten zu einem Stück Natur, zu einem natürlichen Teil seines Alltags gerinnen, zeigt sein direkt anschließender Kommentar: »Dies Bild vom Werden und Vergehen steht mir auch jetzt noch genau vor Augen« (ebd.).

90,18–21/91,1 f. *Bau der Jahrhundertwende … Licht hereinließ:* vgl. dazu das Elternhaus des Ich-Erzählers (5,10 f.) und Anm. zu 8,13–11,4.

91,4 *Roben:* Die Robe (frz.) ist die Amtstracht der Richter.

91,5 *Schöffen:* ehrenamtliche Laienrichter, gewählt von den Gemeindevertretungen.

91,21 *Hermannstadt:* Dies ist eine rumänische Bezirks-Hauptstadt in Siebenbürgen (vgl. Anm. zu 40,5). Sie wurde im 12. Jh. gegründet und war ehemals Mittelpunkt der Siebenbürger Sachsen. Sie liegt am Nordfuß der Südkarpaten (rumän. *Sibiu,* ungar. *Nagyszeben*).

91,22 *in Berlin bei Siemens gearbeitet:* vgl. Anm. zu 40,6.

92,6 f. *Verteidiger … alte Nazis:* Auf die meisten Verteidiger in NS-Prozessen trifft dieser Vorwurf nicht zu. Seit den ersten Verfahren unter alliierter Hoheit wurden die Anwälte der NS-Täter allerdings von Presse und Öffentlichkeit oftmals mit ihren Mandanten gleichgesetzt. So entstanden schnell Vorurteile, die allerdings immer wieder bei einzelnen Anwälten teilweise oder ganz zutrafen. Bereits der Ankläger der Nürnberger Prozesse, Robert M. W. Kempner (*Lebenserinnerungen. Ankläger einer Epoche,* Frankfurt a. M. 1983, S. 237) stellte unter den deutschen Verteidigern bei den Nürnberger Prozessen neben Gegnern und Mitläufern des NS-Regimes auch eine Gruppe in »Wolle gefärbte(r) Nazis« fest. Im Auschwitz-Prozess war der auffallendste Strafverteidiger, Dr. Hans Laternser, mit Sicherheit kein »alter Nazi«, aber er pflegte immerhin enge – nicht nur berufliche – Beziehungen zu dem rechtsextremen Verleger Gerhard Frey. SS-Ärzte, die auf der Rampe von Auschwitz Selektionen (vgl. Anm. zu 102,26) vorgenommen hatten, bezeichnete er als »Lebensretter« (vgl. Christian Dirks, »Selekteure als Lebensretter«, in: *Jahrbuch zur Geschichte und Wirkung des Holocaust,* 2001, S. 163–192). Vorbild für diese Verteidiger im Roman sind wohl einige Verteidiger im Majdanek-Prozess. Hermann Stolting II aus Frankfurt hatte so eindeutig eine »braune« Vergangenheit, in der er für zahlreiche Todesurteile verantwortlich war (vgl. Heiner Lichtenstein, *Majdanek: Reportage eines Prozesses*, Frankfurt a. M. 1979 [im Folgenden zit. als: Lichtenstein, 1979], S. 87–89). Der Rechtsanwalt Hans-Joachim Dohmeier hat um seine Entpflichtung gebeten, weil ihm »der Neofaschismus einiger Anwälte unerträglich wurde« (ebd., S. 99). Besonders aufgefallen ist in dieser Hinsicht der Mannheimer Verteidiger Ludwig Bock (vgl. ebd., S. 89–100). Über ihn wurde sogar in der Knesset, dem israelischen Parlament, diskutiert. Der Knesset-Abgeordnete Hillel Seidel führte dazu aus:

»Dieser Prozess zieht und zieht sich ohne Ende abzusehen hin, während die Verteidiger der Naziangeklagten – die zum Teil selbst eine Nazi-Vergangenheit haben – vor dem Gericht die Zeugen psychologisch quälen, sie bis zur Ohnmacht treiben [...]. In den Gerichtsräumen befinden sich dreißig pfiffige Rechtsanwälte, an ihrer Spitze Ludwig Bock, der auch heute Mitglied einer neonazistischen Partei ist, und versuchen, die Ruhe der wenigen am Leben gebliebenen Zeugen zu erschüttern«.

Lichtenstein. 1979. S. 94 ff. – © 1979 Europäische
Verlagsanstalt, Frankfurt am Main.

92,17–20 *SS ... Frauen für den Einsatz im Wachdienst geworben:* Eine solche Rekrutierung von KZ-Wächterinnen beschreibt anschaulich – für das Frauenkonzentrationslager Ravensbrück – Margarete Buber-Neumann:

»Für die Zehntausende von Häftlingen benötigte die SS immer neue Aufseherinnen. Zu diesem Zweck unternahm der Schutzhaftlagerführer Bräuning regelrechte Werbereisen. Er begab sich z. B. in die Flugzeugwerke Heinkel. Man rief ihm die Arbeiterinnen zusammen, und er machte ihnen mit beredten Worten klar, dass für ein Umerziehungslager geeignete Kräfte gesucht würden, die dort lediglich Aufsichtsarbeit zu leisten hätten.

Er schilderte in leuchtenden Farben die entzückenden Wohngelegenheiten, die vorzügliche Ernährung, die abwechslungsreiche Geselligkeit und vor allem die hohe Entlohnung, die sie dort erwarte. Das Wort ›Konzentrationslager‹ gebrauchte er natürlich nicht. – Der Erfolg blieb nicht aus, denn welche Arbeiterin eines Kriegsbetriebes zöge es nicht vor, anstatt schwere körperliche Arbeit unter schlechten Bedingungen zu leisten, einen so verlockenden Aufsichtsposten anzunehmen?! – Nach jeder solchen Reise des Schutzhaftlagerführers traten zwanzig und mehr junge Arbeiterinnen ihren neuen Beruf an.«

M. B.-N.: Als Gefangene bei Stalin und Hitler. Eine Welt im Dunkel. München: Ullstein Taschenbuchverlag, 2002. S. 320 f. – Mit Genehmigung von Judith Buber-Agassi, Herzlia.

Im überbürokratisierten Alltag des Konzentrationslagers war es einer KZ-Aufseherin unmöglich, ihr Analphabetentum über ein Jahr lang zu verheimlichen. Sie musste sowohl bei der Anstellung zahlreiche Formulare ausfüllen als auch während der Probezeit Texte lesen, Aufsätze und Diktate schreiben. Im Dienst war es dann eine der Hauptaufgaben, Meldungen über das ›Fehlverhalten‹ von Häftlingen zu verfassen (Hinweis von Gudrun Schwarz, Hamburger Institut für Sozialforschung). 92,23 *Auschwitz:* Der Name (poln. *Oświęcim*) steht exemplarisch für das System der NS-Gewaltverbrechen: Zwangsarbeit, industriell organisierter Völkermord, medizinische Versuche an Menschen, Verwertung des Vermögens und der körperlichen Überreste der Ermordeten. Die 65 km südwestl. von Krakau gelegene polnische Stadt an der Weichsel wurde im September 1939 als ostoberschlesischer Ort dem »Großdeutschen Reich« eingegliedert. Wegen der verkehrsgünstigen Lage an dem Eisenbahnknotenpunkt der Strecke Berlin–Lem-

berg und Wien–Warschau begann die SS bereits im Mai
1940 mit dem Bau des ersten Lagers, des späteren
Stammlagers (Auschwitz I) – in erster Linie ein KZ für
Nichtjuden. Auf Befehl Himmlers entstand im Oktober 1941, nur 3 km entfernt, auf dem Gelände eines ge-
räumten polnischen Dorfes namens Brzezinka (deutsch:
Birkenau) ein Vernichtungslager, das man Auschwitz-
Birkenau (oder auch »Auschwitz II«) nannte. Es gilt als
das größte Vernichtungszentrum des NS-Regimes. Im
Frühjahr 1943 verfügte es über vier hochmoderne Ein-
richtungen mit Gaskammern (vgl. Anm. zu 98,27) und
Krematorien (vgl. Anm. zu 98,27), deren Hauptzweck
die Ermordung von Juden und anderen Menschen in einer Art »Fließbandverfahren« war. Am 26. März 1942
wurde auch im Stammlager Auschwitz eine Frauenab-
teilung eingerichtet, jedoch am 16. August in einen Teil
Birkenaus überführt. Das Frauenlager umfasste von
Anfang an über 6000 weibliche Gefangene. Nach der
Romanfiktion war Hanna von Herbst 1943 bis Frühjahr 1944 dort KZ-Wärterin. Für die Zwangsarbeit »ar-
beitsfähiger« Häftlinge entstanden um die vierzig Außenlager, das größte befand sich in der Nachbarschaft
einer Fabrik, die die I. G. Farbenindustrie AG im 7 km
von Birkenau entfernten Monowitz errichtet hatte. Es
wurde im Dezember 1943 als »Auschwitz III« zur Zentrale der Außenkommandos. Es war ein riesiges Indus-
triegebiet, in dessen Produktionsstätten der Chemierie-
se I. G. Farbenindustrie AG tausende »Arbeitssklaven«
ausbeutete, die unter furchtbaren Bedingungen schufteten. Die erkrankten und als nicht mehr arbeitsfähig ein-
gestuften Zwangsarbeiter der Fabrik wurden nach
Auschwitz-Birkenau zurückgebracht und ebenfalls ermordet. In den Gesamtkomplex Auschwitz wurden
Menschen aus allen europäischen Regionen verschleppt.
Unter ihnen waren »unerwünschte Personen« aus
Deutschland, sowjetische Kriegsgefangene, Sinti und

Roma, polnische Priester und Nonnen, Angehörige der französischen Résistance und vor allem Juden, überwiegend aus Polen und Ungarn. Etwa 1,1 Mio. Männer, Frauen und Kinder sind hier einem industrialisierten Massenmord zum Opfer gefallen, 90 Prozent von ihnen waren Juden.

92,24 *Lager bei Krakau:* In der unmittelbaren Nähe von Krakau (polnische Stadt an der oberen Weichsel) hat es kein Außenlager von Auschwitz, das zu Ostoberschlesien gehörte, gegeben. Krakau selbst wurde im Oktober 1939 von der deutschen Besatzungsmacht zur Hauptstadt des Generalgouvernements (besetzte, aber nicht in das Deutsche Reich eingegliederte zentralpolnische Gebiete) erklärt. Vermutlich ist deshalb das im Roman genannte Nebenlager kein »Außenlager von Auschwitz« (101,10 f.) gewesen, sondern eher ein Nebenlager vom KZ Krakau Plaszów, das in einer Vorstadt von Krakau eingerichtet wurde, aber nicht zum Auschwitz-Komplex gehörte. Das einzige Nebenlager in Krakau, in dem weibliche Häftlinge gefangen waren, bestand vom 26. August 1942 bis zum 13. März 1943. »Weibliche Häftlinge waren bis September 1944 im KZ-Hauptlager Krakau, zu diesem Zeitpunkt wurde das Lager aufgelöst, es verblieben nur einige wenige Häftlinge, deren Aufgabe die Verwischung von Spuren war. Die meisten jüdischen Häftlinge waren bereits im Mai 1944 in die KZs Auschwitz, Stutthof, Ravensbrück und Mauthausen deportiert worden« (Hinweis von Gudrun Schwarz, Hamburger Institut für Sozialforschung).

92,25 f. *mit den Gefangenen nach Westen aufgebrochen:* Im Sommer 1944 setzte die Rote Armee zu einer Offensive durch den mittleren Bereich der deutschen Ostfront an. Kurz vor ihrem Eintreffen trieb die SS die meisten KZ-Häftlinge, vor allem Juden, nach Westen. Auf diesen »Todesmärschen« kamen wiederum Tausende von Menschen um. Mit der sowjetischen Winterof-

fensive im Januar 1945 wurde daraus eine Art »Völker-
wanderung«. Alle Lager östl. der Oder stellten nun
endlose Marschkolonnen zusammen, Auschwitz z. B.
zwischen dem 17. und 21. Januar 58 000 Häftlinge.
»Unter extremen Witterungsbedingungen, ohne richtige
Verpflegung und Übernachtungsmöglichkeit, gingen die
Menschen dabei zugrunde. Die Wachmannschaften tö-
teten ohne Unterlaß« (Dieter Pohl, *Holocaust. Die Ursachen, das Geschehen, die Folgen*, Freiburg i. Br. 2000
[im Folgenden zit. als: Pohl, 2000], S. 169).

93,1–94,17 *Fluchtgefahr … Gericht lehnte den Antrag ab:*
Eine Untersuchungshaft ist bei Gericht nur dann zu be-
gründen, wenn »die Gefahr besteht, dass der Beschuldigte sich dem Strafverfahren entziehen werde (Fluchtgefahr)« oder wenn »die Gefahr droht, dass die Ermitt-
lung der Wahrheit erschwert werde (Verdunklungsge-
fahr)« (Strafprozessordnung 90, § 112). Die Tatsache,
dass ein Verbrechen Gegenstand des Verfahrens ist, gilt
nicht als gesetzlicher Haftgrund – darauf spielt Hannas
Anwalt an (93,5–9). Als Haftgrund gilt aber, wenn die
Beschuldigte sich dem Verfahren durch Flucht habe
entziehen wollen (§ 113 StPO). Der schriftliche Haftbe-
fehl – mit Nennung von Personalien, Straftat, Haftgrund u. a. – muss der Beschuldigten mündlich und ab-
schriftlich bekannt gemacht werden (§ 114a StPO). Der
Haftrichter deutet also den »Umstand, daß die Angeklagte auf kein Schreiben und keine Ladung reagiert
hat« (94,11 f.), als »Fluchtgefahr«. Damit ist es wiederum ihr Analphabetismus (vgl. Anm. zu 126,12–127,30),
der Hanna in U-Haft bringt. Das Gericht hätte aber
durchaus die Haft unter Vorgaben – Abgabe des Passes,
regelmäßige Meldung bei der Polizei, Sicherheitsleis-
tung – aussetzen können (vgl. § 116 StPO). Dies ist – im
Gegensatz zur Romanhandlung – beim Majdanek-Prozess geschehen, bei dem alle Angeklagten in diesem Sinne »frei« waren. Eine Ausnahme gab es nur bei Hermi-

ne Ryan (vgl. Anm. zu 115,19f.), die in den ersten fünf
Monaten nach Prozessbeginn in U-Haft saß, dann aber
gegen Kaution im April 1976 freikam. Erst am Ende des
Prozesses (am 13. Juni 1979) wurden sie und drei weite-
re Angeklagte in U-Haft genommen – wegen erhöhter
Fluchtgefahr, weil sie damit rechnen mussten, wegen
Mordes verurteilt zu werden (vgl. Lichtenstein, 1979,
S. 166–170). Die Anspielung des Verteidigers auf den
»Nazi-Haftgrund« (93,9) bezieht sich wohl auf einen
NS-Grunderlass zur »vorbeugenden Verbrechensbe-
kämpfung« vom 14. Dezember 1937. Demnach konnte,
wer, »ohne Berufs- und Gewohnheitsverbrecher zu
sein, durch sein asoziales Verhalten [bei Hanna: ›häufi-
ger Wechsel des Wohnorts‹] die Allgemeinheit gefähr-
det«, mittels kriminalpolizeilicher Vorbeugehaft in ein
KZ eingewiesen werden (*Enzyklopädie des Nationalsozialismus*, hrsg. von Wolfgang Benz, Hermann Graml
und Hermann Weiß, [4]2001 [im Folgenden zit. als: *Enzyklopädie des Nationalsozialismus*], S. 377).

94,2 *obstruktiv:* (lat.) hemmend.

98,22–25 *Alle Literatur der Überlebenden berichtet von
dieser Betäubung:* Zur Literatur der überlebenden KZ-
Häftlinge vgl. auch Anm. zu 193,25 f. Diese Stelle und
der gesamte Betäubungstopos (auch 99,4–21) hat eine
äußerst polemische Kritik provoziert. Ernestine Schlant
(*Die Sprache des Schweigens: die deutsche Literatur und
der Holocaust*, München 2001 [im Folgenden zit. als:
Schlant, 2001], S. 265 f.) kommentiert die Textstelle
(98,18–30): »Die *Betäubung* von Häftlingen im Todesla-
ger mit der Stumpfheit der Täter oder der am Verfahren
Beteiligten zu vergleichen zeugt von einer kategorialen
Verwechslung und moralischen Orientierungslosigkeit,
die keines Kommentars bedarf«. Jeremy Adler, Sohn eines KZ-Überlebenden, spricht von »Zynismus«, der
»die Posen der Täter und die Schmach der Opfer
durcheinander« bringt, von einer »selbstgerechten In-

strumentalisierung des Opfers« (vgl. Kap. V, S. 127). In
der Tat lässt sich die Behauptung des Ich-Erzählers
durch die zitierte Literatur nicht in seinem Sinne belegen. Es handelt sich wohl auch mehr um eine Projektion Michaels, die Ausdruck seiner Perspektive ist, in der
der Blick darauf, was den Opfern angetan wurde, ernst-
haft nicht vorkommt.

98,26–30 *Äußerungen der Täter:* Jeremy Adler (vgl. Kap.
V, S. 128 f.) meint auch hier, dass Bernhard Schlink
(nicht etwa dessen literarische Figur des Ich-Erzählers)
Tatsachen missachten würde. Er verweist auf Nervenzusammenbrüche von Mitgliedern der SS, belegt seine
Einwände aber mit den Ausnahmen, nicht mit der Regel. Als Beleg für die Behauptung des Ich-Erzählers
kann hingegen mit weit mehr Überzeugungskraft die in
Anm. zu 90,11–13 angeführte Textstelle aus den *Autobiographischen Aufzeichnungen des Rudolf Höß* ange-
führt werden, auf die sich die Romanpassage offenbar
auch bezieht. Zum Gesamtkomplex »Wärme und Käl-
te« vergleiche die Interpretation von Juliane Köster
(2000, S. 85–87).

98,27 *Gaskammern:* Dies waren in den Konzentrations-
und Vernichtungslagern von der SS eingerichtete Anlagen zur Massentötung der Häftlinge, meist als Brause-
bäder getarnte kahle, luftdicht abgeschlossene Räume,
in die durch kleine verschließbare Öffnungen an der
Decke tödliches Gas geleitet wurde. Meist handelte es
sich um Zyklon B, bläuliche Körner, die Blausäure ent-
hielten, das an der Luft freigesetzt wurde. Manchmal baute die KZ-Verwaltung bestehende Gebäude ei-
gens für diesen Zweck um. Die Vergasung begann in
Auschwitz I ab September 1941, in Auschwitz II ab
Februar 1942. Neben Massenvergasungen in solchen
Vernichtungslagern gab es auch Tötungen durch Gas
in kleinerem Umfang in einzelnen Konzentrationslagern.

98,27 *Verbrennungsöfen:* Nachdem der diensthabende SS-Arzt festgestellt hat, dass alle Häftlinge in der Gaskammer tot waren,

> »wurden Ventilatoren eingeschaltet, die Kammern geöffnet, und ein Häftlingskommando hatte die Leichen auf elektrisch betriebene Aufzüge zu zerren, die zu den Öfen des Krematoriums [lat. *cremare* ›verbrennen‹] hinaufführten. Vor der Verbrennung wurden die Leichen geschoren, Goldplomben und -zähne aus den Gebissen gebrochen. Die Haare wurden industrieller Verwertung zugeführt, das eingeschmolzene Zahngold monatlich der Reichsbank in Berlin abgeliefert. Die von den Deportierten mitgebrachte Habe wurde zur weiteren Verwendung sortiert.«

Hermann Langbein: Auschwitz und die junge Generation. Wien [u. a.]: Europa Verlag, 1967. S. 12. – © 1967 by Europa Verlag GmbH, Hamburg.

101,10 f. *Lager bei Krakau:* vgl. Anm. zu 92,24.

102,4 f. *Kommandanten:* vgl. Abb. »Der organisatorische Aufbau des Konzentrationslagers«, S. 52.

102,6 f. *Bomben:* Am Ende des Zweiten Weltkrieges wurden die Luftangriffe der Alliierten noch einmal intensiviert. Die Bomberbesatzungen der »Royal Air Force Bomber Command« flogen von 1940 bis Kriegsende 373 514 Einsätze gegen das Deutsche Reich, vor allem 1944/45. Dabei warfen sie rd. 970 000 Tonnen Bombenlast ab. Die englischen Flächenbombardements forderten über 370 000 tote deutsche Zivilisten als Opfer. Die achte »United States Army Air Force« führte von August 1942 bis Mai 1945 insgesamt 332 904 Flüge gegen das Deutsche Reich durch und warf dabei 632 000 Tonnen Bombenlast ab. Sie zerstörte die Fabriken der Kriegswirtschaft und das Transportwesen (vgl. Gerhard Schreiber, *Der Zweite Weltkrieg*, München 2002, S. 48). Dabei bombardierten alliierte Tiefflieger irrtümlicher-

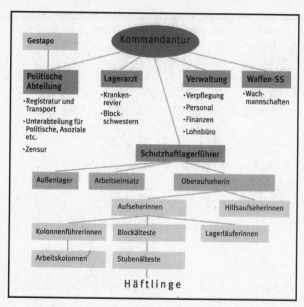

Der organisatorische Aufbau des Konzentrationslagers

weise auch einzelne Züge mit Häftlingen, da sie diese
für Truppentransporte hielten.

102,7–11 *Zug der Gefangenen:* vgl. Anm. zu 92,25 f.

102,26–103,3 *Selektionen:* Der Begriff »Selektion« ist aus
dem Vokabular der Abstammungslehre entlehnt und
beschrieb im NS-Staat die willkürlich vorgenommene
oder weltanschaulich motivierte Zuordnung von Menschen in die Kategorien »wert« und »unwert«. In
Auschwitz bedeutete Selektion eine Trennung der Häftlinge in Arbeitsfähige und nicht Arbeitsfähige, die in

mehr oder weniger regelmäßigen Abständen vorgenommen wurde. Wer schwach aussah, als »nicht arbeitsfähig« galt, z. B. schwangere jüdische Frauen, wurde ermordet, entweder im Lager sofort erschossen, vergast oder durch Injektionen vergiftet. Der Begriff verschleiert die politische und moralische Schuld an der Massenvernichtung, denn offiziell wurde »selektiert«, nicht ermordet. Die Täter und Täterinnen konnten sich als Vollstrecker rassistischer Naturgesetze verstehen und persönliche Motive und Verantwortung hinter »biologistischen« Grundannahmen verbergen. Durchgeführt wurden die Selektionen von SS-Ärzten und SS-Kommandoführern, aber in den Frauenlagern in Auschwitz haben auch SS-Aufseherinnen aktiv daran teilgenommen. »In ihrer Befragung im Bergen-Belsen-Prozess sagte die ehemalige Oberaufseherin im Frauenkonzentrationslager in Auschwitz-Birkenau, Elisabeth Volkenrath, aus, dass alle Aufseherinnen bei Selektions-Appellen anwesend waren« (Gudrun Schwarz, »›... möchte ich nochmals um meine Einberufung als SS-Aufseherin bitten.‹ Wärterinnen in den nationalsozialistischen Konzentrationslagern«, in: *Frauen im Holocaust*, hrsg. von Barbara Distel, Gerlingen 2001, S. 351 f., hier S. 351, Anm. 42). Im Majdanek-Prozess wurden einige der Frauen (z. B. Alice Orlowski, Charlotte Mayer) auch wegen Teilnahme an Selektionen der Beihilfe zum Mord angeklagt (und freigesprochen).

103,8–23 *Der andere Hauptanklagepunkt ... Frauen verbrannten:* Bernhard Schlink verarbeitet hier – aber in Bezug auf die Schuldfrage mit bezeichnenden Veränderungen – Szenen aus dem Katalog der NS-Verbrechen: In Weißrussland und Russland haben SS, Polizei und Wehrmacht bei ihrem Krieg gegen die »Partisanen« oft »die Einwohnerschaft ganzer Dörfer niedergemacht, oftmals in ihren Häusern lebend verbrannt« (Pohl, 2000, S. 76). Auf einem »Todesmarsch« aus dem KZ

Mittelblau-Dora hat die SS über tausend politische
Häftlinge in eine Scheune getrieben und darin lebend
verbrannt. Wer aus der Tür fliehen wollte, den erschoss
die Wachmannschaft sofort (vgl. Robert Gellately, *Hin-
geschaut und weggesehen. Hitler und sein Volk*, Stutt-
gart/München 2002, S. 341). Am 10. Juni 1944 besetzte ein SS-Kommando (Panzer-Grenadier-Regiment 4,
»Der Führer« der SS-Division »Das Reich«) die Ort-
schaft Oradour-sur-Glane in Südfrankreich und erschoss alle männlichen Einwohner in Scheunen. Dann
schlossen die SS-Männer die über 400 Frauen und Kinder des Ortes in die Kirche ein und zündeten diese an.
Begründet wurde der Vorgang durch ein Gerücht über
ein angebliches Waffenlager von Widerstandskämpfern
in dem Dorf (vgl. *Enzyklopädie des Nationalsozialismus*, S. 626).

106,12 *»Wie liefen die Selektionen ab?«:* Häufig

»liefen die Selektionen so ab, dass die Häftlinge auf einen gebrüllten Befehl des Blockältesten hin strammstehen mussten. Oft wurden sie gezwungen, sich nackt
auszuziehen, besonders die Frauen und Mädchen. Während der Arzt die Reihen inspizierte, rief der Kapo
[Häftling, der als Aufseher eingesetzt wurde] die Num-
mern von einer Liste. In Auschwitz streckte jeder Häftling den linken Arm mit der eintätowierten Nummer
aus. Wenn der Arzt seine Entscheidung getroffen hatte,
wurde die Nummer auf der Liste abgehakt.
Wer zu krank war, das Bett zu verlassen, wer sich nicht
auf den Beinen halten konnte, wer nicht strammstehen
konnte, wurde automatisch für das Gas selektiert. Eine
nicht ausgeheilte Wunde, ein Ekzem, eine Krankheit
oder eine Schwäche, die man nicht verstecken konnte –
das alles bedeutete fast zwangsläufig das Todesurteil.
Natürlich wurden hierbei, wie bei der Ankunft an der
Rampe, ›Fehler‹ gemacht. Es konnte vorkommen, dass

ein Mensch, der nicht schlechter dran war als die anderen Skelette seines Blocks, aus unerfindlichen Gründen einfach aus der Liste der Lebenden gestrichen wurde.«

Barbara Rogasky: Der Holocaust. Ein Buch für junge Leser. Aus dem Amerik. und mit einem Nachw. von Alan Posener. Berlin: Rowohlt, ³2000. S. 136 f. – © 1999 der vollst. überarb. und veränd. dt. Ausg. by Rowohlt – Berlin Verlag GmbH, Berlin.

112,11 *Mädchen ihr vorgelesen haben:* Die ganze Szene (111,3–113,11) ist sehr unterschiedlich gedeutet worden, die Lesart stark abhängig vom jeweiligen Interesse des Interpreten. Der Literaturwissenschaftler Manfred Durzak etwa kommt in seinem Aufsatz »Opfer und Täter im Nationalsozialismus. Bernhard Schlinks *Der Vorleser* und Stephan Hermlins *Die Kommandeuse*« (in: *Literatur für Leser*, 2000, H. 4, S. 210) zu einem eindeutig negativen Urteil:

»Das Vorlesen nach erfolgter Kopulation, das zu diesem Ritual gehört, erscheint ja auch schon vorher im Lager, wo sie unter den weiblichen Häftlingen gebrechliche und schwache Mädchen aussortiert und zu sich bestellt. Das Gerücht, das im Lager damit verbunden ist, es handle sich um Opfer lesbischer Sexualpraktiken, wird zwar vom Erzähler zurückgewiesen, da eines dieser Mädchen berichtete, sie habe nur vorlesen müssen. Der Erzähler redet sich ein, Hanna habe diese Mädchen schützen wollen, ihnen eine kurze Verschnaufpause auf dem Weg in den Tod gönnen wollen. Aber setzt man das in Analogie zu den Erfahrungen des jungen Erzählers, dann liegt es eigentlich nahe, auch hier eine vorangegangene erotische Aktivität anzunehmen.«

M. D.: Opfer und Täter im Nationalsozialismus. Bernhard Schlinks *Der Vorleser* und Stefan Hermlins *Die Kommandeuse.* In: Literatur für Leser (2000) H. 4. S. 212. – Mit Genehmigung von Manfred Durzak, Grebin.

D. J. Enright hingegen vermutet in einer Rezension (*The New York Review of Books*, 26. März 1998, S. 4), dass Hanna diesen jungen Vorleserinnen »vor ihrer Selektion zum Rücktransport nach Auschwitz und in den Tod einige Tage oder Wochen Ruhe von der Zwangsarbeit gönnen wollte« (zit. nach: Schlant, 2001, S. 319, Anm. 3). Das Gerücht über sexuellen Missbrauch, das die jüdische »Tochter« als Zeugin vor Gericht andeutet (112,6–9), ist eine direkte Anspielung auf Irma Grese, die bekannteste SS-Aufseherin im Frauenlager Birkenau, die den Spitznamen »die Schöne von Auschwitz« trug. Sie war noch nicht 20 Jahre alt, als sie zu den Wachmannschaften kam, und stieg in der Hierarchie schnell bis zu einem Aufseherposten über 20 000 gefangene Frauen auf. Sie soll besonders sadistisch gewesen sein und auch lesbische Beziehungen zu weiblichen Häftlingen gehabt haben, die sie dann in die Gaskammern schickte. Nach dem Krieg verurteilten die Alliierten sie zum Tode und richteten sie hin.

114,1–115,10 *Deutsche Fassung des Buchs … beschreibt:* Die Beschreibung dieses Buches setzt sich vermutlich wieder aus Fiktion und »Bruchstücken« realer Vorlagen zusammen. Die anerkennend beurteilte Erzählhaltung – Gleichzeitigkeit von Nähe und Distanz, Verhindern von Identifikation, Vermeiden von Selbstmitleid, Fähigkeit zur Analyse trotz der Umstände – erinnert sehr stark an Ruth Klügers Autobiographie über die Zeit ihrer Kindheit in den Konzentrationslagern Theresienstadt, Auschwitz-Birkenau und Groß-Rosen (*Weiter leben. Eine Jugend*, München [9]1999 [zuerst: Göttingen 1992]). Auch hier werden Distanz, Analyse und Ablehnung von Empathie deutlich: »Ihr müßt euch nicht mit mir identifizieren, es ist mir sogar lieber, wenn ihr es nicht tut« (ebd., S. 142). Dietmar Schäfer (2000, S. 62) ist sogar der Meinung, dass der Ich-Erzähler hier sein eigenes Erzählprogramm formuliert. Aus z. T. großer

zeitlicher Distanz erzähle Michael selbstkritisch und
schonungslos offen und analysiere dabei auch seine Beziehung zu Hanna. So könne seine »ebenso subjektiv-
offene wie analytisch-reflektierende Erzählhaltung als
›ein eigentümliches Zugleich von Distanz und Nähe‹
(S. 114) angemessen beschrieben werden«. Ganz im Gegensatz dazu ist Kathrin Schödel überzeugt, dass
»Schlinks Roman nach einer Ästhetik der Einfühlung
funktioniert«, die Distanz gerade nicht ermöglicht
(»Jenseits der *political correctness* – NS-Vergangenheit
in Bernhard Schlink, *Der Vorleser*, und Martin Walser,
Ein springender Brunnen«, in: *Seelenarbeit an Deutschland. Martin Walser in Perspective*, hrsg. von Stuart
Parkes und Fritz Wefelmeyer, Amsterdam / New York
2004 (German Monitor, 60), S. 307–322; vgl. Kap. IV,
S. 120).

115,19 f. *Aufseherin ..., die »Stute« genannt wurde:* Die
weiblichen Häftlinge haben ihren Aufseherinnen, deren
Namen sie ja nicht kannten, häufig Spitznamen gegeben, einige davon sind bekannt und berüchtigt geworden. So wurde Gertrud Reinl, Aufseherin im Nebenlager Beendorf, von den Frauen »Dragonerpferd«
genannt, weil sie die Häftlinge mit ihren schweren
Schaftstiefeln trat und misshandelte. Die Bezeichnung
»Stute« (weibliches Pferd) im Text bezieht sich direkt
auf die KZ-Wärterin Hermine Braunsteiner, die im KZ
Lublin-Majdanek den Spitznamen »Kobyla« (Stute) erhalten hatte. Nach dem Krieg ist sie in die USA ausge-
wandert, hat dort den Amerikaner Russel Ryan geheira-
tet und etliche Jahre als unauffällige Hausfrau gelebt.
Dann wurde sie aufgespürt, im Majdanek-Prozess zu
lebenslanger Haft verurteilt, schließlich im Jahre 1996 –
nach 15jähriger Haft – als 77-Jährige begnadigt. In didaktisch aufbereiteten Unterrichtseinheiten zum *Vorleser* ist es inzwischen obligatorisch geworden, die Figur
der Hanna Schmitz mit Hermine Ryan zu vergleichen.

Grundlage dazu ist in der Regel die gelungene Reportage von Thorsten Schmitz über »Die Stute von Majdanek« (zuerst in: *Süddeutsche Zeitung Magazin*, Nr. 50, 13. Dezember 1996, S. 17–26). Bernhard Schlink betont jedoch, dass es für die Romanfigur Hanna kein eindeutiges Vorbild gegeben habe (vgl. Hage/Doerry, 2000). Vermutlich sind – neben der fiktiven Figurenkonzeption – »Bruchstücke« verschiedener Aufseherinnen, über die er gelesen hat, eingearbeitet worden. Im Januar 1945 gab es immerhin über 3500 SS-Aufseherinnen, darunter z. B. auch die im Majdanek-Prozess angeklagte (und freigesprochene) Hermine Böttcher, die in manchen Details mehr an Hanna erinnert als Hermine Braunsteiner (vgl. Lichtenstein, 1979, S. 47).

116,11–26 *Auflösung des Lagers … Hälfte der Frauen tot:* vgl. Anm. zu 92,25 f.

116,27–118,7 *Die Kirche … Frauen … verbrannt:* vgl. Anm. zu 103,8–23.

118,13 *Empore:* In Kirchen ist dies eine meist seitliche Galerie, vorgesehen für den Aufenthalt bestimmter Personengruppen.

122,13–21 *Ordnung … dafür verantwortlich:* Hier zeigt sich exemplarisch das missverstandene und missbrauchte Pflichtgefühl, auf das sich viele Angeklagte in KZ-Prozessen berufen haben (vgl. Ulrich Renz, *Lauter pflichtbewußte Leute. Szenen aus NS-Prozessen*, Köln 1989).

125,15 f. *Heiligenberg, Michaelsbasilika, Bismarckturm, Philosophenweg:* Auf dem höheren der beiden Gipfel des Heiligenbergs (vgl. Anm. zu 65,16–19), unmittelbar oberhalb der ehemaligen Thingstätte (vgl. ebd.), befinden sich die Ruinen des ehemaligen Benediktinerklosters »Sankt Michael« (vgl. Anm. zu 35,19) – auf einer Höhe von fast 440 m. Dieses entstand im 9. Jh., wurde im 11. Jh. erweitert und ist seit 1530 verwaist. Zur Zeit der Romanhandlung (1959) waren die Ruinen der dreischiffigen Kirche und zweier Turmstümpfe noch nicht restau-

riert, dies erfolgte erst 1978–84. – Die »Bismarcksäule«
ist ein wuchtiger Turm und hat mit einer Säule wenig ge-
meinsam, so dass der Ich-Erzähler völlig zu Recht von
»Bismarckturm« spricht. Sie steht in der Nähe des Phi-
losophenwegs und bietet eine gute Aussicht auf die Altstadt und ins Neckartal. 1903 als monumentales Denkmal für den Reichskanzler eingeweiht, spielte die Bismarcksäule in den 1930er Jahren für die NS-Propaganda
eine wichtige Rolle: In der Pechschale auf dem Dach des
Turms wurden »Mahnfeuer« angezündet (zur Lage vgl.
Stadtplan S. 8/9). – Der »Philosophenweg« ist ein be-
liebter Spazierweg, der am Südhang des Heiligenbergs –
gegenüber der Altstadt – steil bergauf führt und an vielen Stellen Blicke auf die Altstadt, den Schlossberg, das
Neckartal und in die Rheinebene ermöglicht.

126,12–127,30 *Hannas Geheimnis … Angst vor der Bloß-
stellung als Analphabetin:* Der Ich-Erzähler wird hier –
an einem fast magischen Ort – seinem Namen (Berg)
gerecht. Bernhard Schlink hat in mehreren Interviews
immer wieder hervorgehoben, dass er sich intensiv mit
der Literatur zum Analphabetismus beschäftigt habe:

»Ich habe damals viel darüber gelesen, und das Thema
beschäftigt mich noch immer. Inzwischen wird der Analphabetismus bei uns nicht mehr als exotisches Problem betrachtet, aber es gibt darüber weiterhin viel weniger deutsche Literatur als englischsprachige. Analphabeten verwenden einen großen Teil ihrer Lebensenergie
darauf, zu verbergen, dass sie nicht lesen können – was
könnten sie mit dieser Lebensenergie sonst alles machen!«

Volker Hage / Julia Koch: »Lesen muss man trainieren«. Der Erfolgsautor und Rechtsprofessor Bernhard Schlink über die Pisa-Studie, schlechten
Deutschunterricht in der Schule und die Schreibschwächen seiner Studenten. Spiegel-Gespräch. In:
Der Spiegel. Nr. 2. 2002. S. 40 – © 2000 Spiegel-Ver-
lag, Hamburg.

Die Beobachtung Schlinks, dass »viele Straftäterinnen Analphabeten« seien, hat vielleicht bei der Konzeption der Figur Hannas eine Rolle gespielt, obwohl ihm eine »NS-Täterin, auf die das zutrifft«, nicht bekannt sei (vgl. Köster/Schmidt, 1998, S. 47). Hanns-Peter Reisner (2001, S. 85 f.) hält es aufgrund der sozialen Situation im ländlichen Milieu Siebenbürgens durchaus für plausibel, dass Hanna unter ungünstigen äußeren Ausbildungsbedingungen aufgewachsen ist und Lesen und Schreiben nicht lernen konnte.

129,14–16 *schuldig, weil ich eine Verbrecherin geliebt hatte:* vgl. Anm. zu 161,19–21 (zum Problem der Kollektivschuld und zur Schuldverstrickung der Zweiten Generation).

133,5 *Anästhesie:* (griech.) Schmerzausschaltung; kann durch künstliche Mittel oder durch Ausschalten des Bewusstseins bei der Narkose erzeugt werden. »Anästhesisten« (133,7 f.) sind Ärzte für Anästhesie.

134,2–10 *Mein Vater:* vgl. Anm. zu 88,9–12.

134,13 *Kant und Hegel:* vgl. Anm. zu 61,25 und 62,1 f.

135,8–138,24 *Er belehrte mich über Person, Freiheit und Würde ... Ich mußte mich nur noch entscheiden:* Hier werden wesentliche Kategorien der Philosophie Kants genannt, der ebenso wie Bernhard Schlinks Vater pietistischer Lutheraner war. Die Betonung der menschlichen Freiheit und des rationalen Willens führt in diesem System zur moralischen Schuld, wenn der vernünftige und als frei verstandene Mensch nach seinem freien Willen durch eine Handlung, eine Unterlassung oder durch bloßen Vorsatz gegen sittliche Prinzipien verstößt. In seinen Reflexionen (vgl. Anm. zu 21,24–22,16) hat der Ich-Erzähler dieses Menschenbild allerdings relativiert oder in Frage gestellt. Als »moralische Person« hätte Michael Berg, »so geht es aus dem Gespräch zwischen Vater und Sohn hervor, die Pflicht gehabt, mit Hanna als der Betroffenen zu sprechen und ihr die Entscheidung zu überlassen«. Wäre er aber als Jurist und nicht nur als studentischer Beobachter am Prozess beteiligt gewesen, so hätte er den Vorsitzenden Richter über Hannas Analphabetismus informieren müssen (Bernhard Schlink in einer »interaktiven Lesung«: Köster/ Schmidt, 1998, S. 47). Der Ich-Erzähler entscheidet sich weder juristisch noch moralisch, er wird durch unbewusste Zwänge völlig gehemmt.

140,4f. *Jerusalem und Tel Aviv, Negev und Rotes Meer:* Jerusalem ist Hauptstadt und größte Stadt Israels, zugleich das Zentrum jüdischen Glaubens und geistigen Lebens und heilige Stadt auch für Christen und Moslems. Das an der Mittelmeerküste liegende Tel Aviv, zweitgrößte Stadt Israels, hat sich zum wirtschaftlichen und kulturellen Mittelpunkt des Landes entwickelt. Der Negev, der Süden Israels, besteht überwiegend aus Wüste. Das Tote Meer ist ein 80 km langer und bis zu 18 km breiter, abflussloser Salzsee an der israelisch-jordanischen Grenze.

140,15 *schwarzer Uniform und Reitpeitsche:* Die SS-Aufseherinnen hatten als »Uniform« ein graues Kostüm mit Schiffchenmütze, Schaftstiefeln und als Waffen Pistole und Reitpeitsche – oder ähnliche Schlagwaffen (vgl. Abb. S. 62).

142,5f. *Klischees:* Das Wort (frz. *cliché*) meint hier abgegriffene, durch allzu häufigen Gebrauch verschlissene Bilder, die ohne individuelle Differenzierung unbedacht übernommen werden (Wiederholung in 143,7).

142,14–18 *Auschwitz … Züge:* zum Auschwitz-Komplex vgl. Anm. zu 92,23. Die Bilder, auf die sich der Ich-Erzähler bezieht, stammen aus den letzten Kriegswochen oder der unmittelbaren Nachkriegszeit. Sie waren in den 60er Jahren bereits durch mehrere Publikationen bekannt, hatten aber noch nicht den Stellenwert als »Ikonen der Vernichtung« (vgl. Cornelia Brink, *Ikonen der Vernichtung. Öffentlicher Gebrauch von Fotogra-*

KZ-Wärterinnen im KZ Ravensbrück beim Besuch des
Reichsführers der SS Heinrich Himmler (1940/41)

Tor des Stammlagers Auschwitz (um 1960)

Überlebende einer Häftlingsbaracke, KZ Auschwitz-Birkenau (1945)

Koffer der Juden, die nach Auschwitz deportiert und getötet wurden

Brillen in Auschwitz getöteter Juden

Lagertor von Auschwitz-Birkenau, durch das die Züge zur Rampe
fuhren (Mitte Februar / März 1945)

*fien aus den nationalsozialistischen Konzentrationsla-
gern*, Berlin 1998). Neben dem Führer durch die Gedenkstätte Auschwitz von Jahn Sehn (*Konzentrationslager Auschwitz-Birkenau. Auf Grund von Dokumenten
und Beweisquellen*, Warschau 1957) vermittelte insbesondere der 1960 veröffentlichte Bildband von Gerhard
Schoenberner (*Der gelbe Stern. Die Judenverfolgung in
Europa 1933 bis 1945*, Hamburg 1960) solche Fotos
(vgl. die entsprechenden Abb.). Die große Resonanz auf
Schoenberners Bildband lässt darauf schließen, dass ein
Teil der hier publizierten Fotos als Bestandteile des sozialen Bildgedächtnisses die öffentliche bundesrepublikanische Erinnerungskultur in Bezug auf Auschwitz
entscheidend prägten.
142,18–20 *Bergen-Belsen die Leichenberge … photogra-
phiert:* Das Konzentrationslager Bergen-Belsen war am
30. April 1943 in der Lüneburger Heide – in der Nähe
von Celle – für Juden mit ausländischer Staatsangehö-

KZ Bergen-Belsen nach der Befreiung 1945

rigkeit errichtet worden. Seit März 1944 wurden auch erschöpfte und kranke Häftlinge aus anderen Konzentrationslagern nach Bergen-Belsen verschleppt, seit Oktober auch – wegen der anrückenden Front – solche aus den Lagern im »Osten«. Die Zahl der Häftlinge, die in Zelten und unter freiem Himmel leben mussten, stieg deshalb von 15 000 Ende November 1944 auf 60 000 Mitte April 1945 an.

»Die ohnehin geschwächten und völlig unzureichend ernährten Häftlinge starben zu Tausenden. Im Januar 1945 waren es 1000, im Februar 6000 und im März über 18 000. Die Leichen konnten weder verbrannt werden noch wurden sie vergraben. Sie lagen überall auf dem

Lagergelände herum, als britische Truppen Bergen-Belsen am 15. April 1945 befreiten. Einen noch schrecklicheren Anblick boten die vielen kranken und halbtoten Häftlinge, die neben und zwischen ihren ermordeten Kameraden hockten und lagen. Die Schreckensbilder gingen um die Welt und sind aus dem kollektiven Gedächtnis nicht mehr wegzudenken.«

> Wolfgang Wippermann: Konzentrationslager. Geschichte, Nachgeschichte, Gedenken. Berlin: Elefanten Press, 1999. S. 141. – Mit Genehmigung von Wolfgang Wippermann, Berlin.

Vgl. auch die Abb. »Bergen-Belsen«, S. 66.

142,28 *Fernsehserie »Holocaust«:* Das Wort *holocaust* ist im englischen Sprachraum seit dem Mittelalter (12. Jh.) in der Bedeutung ›Feuersbrunst, Brandopfer, Vernichtung, Massenmord, Judenmord‹ bekannt. Der Ausdruck entstammt jedoch nicht dem Englischen, sondern er lässt sich über spätlat. *holocaustum* auf griech. *holókaustos* (›völlig verbrannt, Brandopfer‹) zurückführen. Bereits während des Zweiten Weltkrieges wurde 1943/44 das Wort auf die Ermordung der europäischen Juden bezogen (vgl. Johannes Heil, Art. »Holocaust«, in: Benz, 2002, S. 100 f.). Religiöse Juden haben das Wort in dieser Bedeutungserweiterung jedoch nie akzeptiert, denn das »Holocaust« genannte Brandopfer war eine heilige Handlung des Alten Bundes. Für sie verbietet sich jeder Zusammenhang mit dem massenhaften Völkermord, sie verwenden daher den Begriff »Shoa« (hebr.: ›Untergang, Vernichtung‹). Im Deutschen hat sich jedoch der Begriff »Holocaust« durchgesetzt, vor allem seit der Ausstrahlung des mehrteiligen US-amerikanischen Fernsehfilms *Holocaust* von Marvin Chomsky zwischen dem 22. und 26. Januar 1979. Dieses Familienmelodram zeigt in vielen Episoden an unterschiedlichen Schauplätzen Verfolgung und Vernichtung der Juden in Deutschland und Europa (vgl. Matthias Weiß, »Sinnliche Erinnerung. Die Filme *Holocaust* und *Schindlers Liste* in der bundesrepublikanischen Vergegenwärtigung der NS-Zeit«, in: *Beschweigen und Bekennen. Die deutsche Nachkriegsgesellschaft und der Holocaust*, hrsg. von Norbert Frei und Sybille Steinbacher, Göttingen 2001, S. 71–102, hier S. 74). Die Fernsehserie, die gleichzeitig von allen Dritten Programmen der ARD gesendet wurde, hat große öffentliche Debatten und beispiellose emotionale Reaktionen – auch in den Familien – ausgelöst. Sie wurde zwar häufig als »Seifenoper« und Trivialisierung des Mordes an den Juden kritisiert, hat jedoch das Thema für das Fernsehen akzeptabel gemacht und dazu beigetragen, dass in den 80er Jahren der Holocaust ins Zentrum der Auseinandersetzung mit dem Nationalsozialismus rückte.

142,29 *»Sophies Wahl«:* In dem US-amerikanischen Spielfilm *Sophie's Choice* (dt. Filmtitel: *Sophies Entscheidung*) von 1982 thematisiert der Regisseur Alan J. Pakula die Untilgbarkeit der seelischen Verletzungen von KZ-Überlebenden. Aus der Sicht eines jungen Schriftstellers im New York des Jahres 1947 wird die Leidensgeschichte einer Exil-Polin erzählt, die zwanzig Monate Auschwitz überlebt hat. Dort verlor sie alle ihre Angehörigen und wurde zudem auf der Selektionsrampe des Bahnhofs vor die Titel gebende »Wahl« gestellt: zu entscheiden, welches ihrer beiden Kinder ins Arbeitslager und welches sofort in die Gaskammern geschickt wird. Wegen ihrer quälenden Angst- und Schuldgefühle findet sie keine Versöhnung mit der Gegenwart und wählt schließlich den Selbstmord. Pakula verfilmte mit diesem Melodram den Bildungs- und Künstlerroman *Sophie's Choice* (1979) von William Styron. Hier kann der Erzähler die Geschichte erst – ähnlich wie der Ich-Erzähler Michael Berg im *Vorleser* – zwanzig Jahre später aufschreiben, nachdem ihm seine eigene Verstrickung in Schuld bewusst geworden war. Die erste deutsche Übersetzung des Romans aus dem Jahre 1980 trägt den Titel *Sophies Wahl*, die zweite aus dem Jahr 1982 *Sophies Entscheidung* – wie der deutsche Filmtitel. Roman und Film waren ein Welterfolg.

142,29 f. *»Schindlers Liste«:* Dieser US-amerikanische Kinofilm aus dem Jahre 1993 von Hollywoods Erfolgsregisseur Steven Spielberg ist eine Verfilmung des Romans *Schindler's Ark* (1982) des australischen Schriftstellers Thomas Keneally. Das Buch beruht auf Interviews mit etwa fünfzig sogenannten »Schindler-Juden« aus sieben Nationen. Auch Spielberg versucht in Schwarzweiß und Handkamera-Stil viele Details aus Berichten Überlebender ins Bild zu setzen, von denen keine Aufnahmen existieren, und damit den dokumentarischen Charakter hervorzuheben. Die Filmhandlung erzählt die Geschichte des deutschen Geschäftsmannes Oskar Schindler (1908–1974), der 1944 in Polen etwa 1100 Juden das Leben rettete. Da Schindler seit 1939 Mitglied der NSDAP war, für die deutsche Abwehr in Polen Spionagedienste leistete und zunächst nur auf wirtschaftliche Kriegsgewinne aus war, zeigt sein Beispiel, dass in einer besonderen historischen Situation auch innerhalb der deutschen Vernichtungsmaschinerie Widerstand möglich war. Spielbergs Film wurde überwiegend als wertvolles Meisterwerk gerühmt und fand in Deutschland fast einhellige Zustimmung, ist aber auch wegen der Hollywood-Dramaturgie (mit erträglichem Happy-End) als Kitsch kritisiert worden.

144,4 *zum Struthof ins Elsaß:* Das Konzentrations-Hauptlager Natzweiler-Struthof wurde im Mai 1941 in der Nähe des Ortes Natzweiler im Elsass eröffnet. Es liegt auf einer 800 m hohen Erhebung der nördlichen Vogesen, etwa 50 km südwestl. von Straßburg, und war das einzige Hauptlager des NS-Staates auf französischem

Lagereingang des KZ Natzweiler-Struthof

Boden. Die ersten Häftlinge wurden – bis zur Fertigstellung der 14 Baracken – in einer nahe gelegenen ehemaligen Gaststätte untergebracht, dem Struthof (»Le Struthof«). Daher ist das Lager auch unter diesem Namen bekannt, vielleicht erklärt dies die ungewöhnliche Wendung »zum Struthof« (ebenso 144,13: »vom Struthof«). Viele der Gefangenen aus 17 europäischen Ländern – zunächst etwa 1500, 1944 dann 7000 – mussten im oberhalb des Lagers gelegenen Granitsteinbruch arbeiten. Dieser wurde von der »Deutschen Erd- und Steinwerke GmbH« betrieben, die der SS gehörte. Andere schufteten in unterirdischen Anlagen zur Rüstungsproduktion. Trotz vieler Außenlager war Natzweiler-Struthof eines der kleineren Konzentrationslager. Im September 1944 wurden die Häftlinge des Hauptlagers »evakuiert« und in die etwa 50 Außenlager in Süd- und Südwestdeutschland verlegt. Im Jahre 1960 hat Charles de Gaulle am Ort des ehemaligen Hauptlagers die seit 1955 geplante Gedenkstätte eingeweiht. Einzelne Teile des Lagers sind erhalten, andere rekonstruiert oder neu arrangiert. Reinhard Matz (*Die unsichtbaren Lager. Das Verschwinden der Vergangenheit im Gedenken*, Reinbek b. Hamburg 1993) bestätigt mit seinen Fotos, die er 1990 bei einer Ortsbesichtigung machte – vergleiche z. B. die Abb. »Arrangement um 1965 auf dem ehemaligen Appellplatz« (ebd., S. 89) – den Eindruck des Ich-Erzählers: Das Grauen war unsichtbar geworden.

144,19 *Brandmal:* Im Verweisungssystem des Romans wird damit der Verdacht nahe gelegt, dass der Ich-Erzähler es mit einem NS-Täter zu tun hat.

146,22–147,3 *Photographie von Erschießungen von Juden in Rußland … Er haßt die Juden nicht:* Ohne Kriegserklärung überfiel das nationalsozialistische Deutschland am 22. Juni 1941 die Sowjetunion und rückte im Herbst bis Moskau vor. Dieses als reiner Vernichtungskrieg von »nie da gewesener erbarmungsloser Härte« (Hitler) geplante und durchgeführte »Unternehmen Barbarossa« kostete schätzungsweise 30 Mio. Menschen in der Sowjetunion das Leben und führte zur Besetzung der westl. und südwestl. Gebiete bis zur Wolga bei Stalingrad. Bereits in den ersten Wochen nach dem Einmarsch wurden Juden, die Angehörige von Eliten waren, ab Herbst 1941 dann unterschiedslos alle Juden, von Juni 1941 bis April 1942 etwa 560 000 Menschen, ermordet, darunter fast die gesamte jüdische Zivilbevölkerung der eroberten Gebiete. Diese »Aktionen« haben vier größere und einige kleinere Erschießungskommandos – sogenannte »Einsatzgruppen« – in einer Gesamtstärke von über 3000 Mann durchgeführt. Sie bestanden aus Angehörigen der »Geheimen Staatspolizei« (Gestapo) und der Kriminal-

polizei, zusammengefasst in der »Sicherheitspolizei«
(Sipo), und des »Sicherheitsdienstes« (SD), dem Nach-
richtendienst der NSDAP und der SS. Hinzu kamen
Einheiten der Waffen-SS (vgl. Anm. zu 88,3) und
der Ordnungspolizei. Ihre systematisch durchgeführten
»Mordaktionen« fanden nicht nur bei Wehrmacht und
Zivilverwaltung Unterstützung, sondern auch bei einigen nichtjüdischen Einheimischen. Die Massenerschießungen spielten sich in relativer Öffentlichkeit ab, oft
mit zahlreichen Schaulustigen aus den Kreisen der
Wehrmacht, der Eisenbahner und Polizisten, die auch
zahlreiche Fotografien von dem gesamten Geschehen machten. Zeugenaussagen weisen auch darauf hin,
dass Angehörige der Zivilverwaltung sogar Schmalfilme
drehten und zu Hause in Deutschland vorführten.
Wichtig für das Verständnis der Romanszene ist auch ein
Hinweis auf das Führungspersonal dieser »Einsatzgruppen«, zum überwiegenden Teil Angehörige der jungen
akademischen Nachwuchselite. Diese SS-Offiziere gehörten in der Weimarer Republik meist zur völkischen
Studentenbewegung, die an den Universitäten einem ra-
dikalen und rassistischen Antisemitismus anhingen, dem
sie aber eine scheinbar »sachliche« und intellektuelle
Fassade gaben. Die Bekämpfung der Juden sahen sie so
nicht als eine Sache persönlicher Gefühle an – vom fana-
tischen Judenhass grenzten sie sich ab –, sondern als eine
aus den »Gesetzen der Natur abzuleitende Notwendigkeit«, als geradezu »patriotische« Pflicht. Als späte-
re Führer von Erschießungskommandos in den von
der Wehrmacht eroberten und besetzten Gebieten der
UdSSR bekamen sie nun die Gelegenheit, dieser »Pflicht«
zu folgen und ihre politische »Utopie« ohne jegliches
Unrechtsbewusstsein in die Praxis umzusetzen. »Zu-
meist [waren es] Juristen, die in ihrem Handeln kühle
Professionalität mit der Überzeugung verbanden, dass
ihr Tun nach dem Prinzip der ›völkischen Weltanschau-

ung‹ unumgänglich, notwendig, ja in Wahrung der Interessen des deutschen Volkes sogar ethisch geboten sei«
(Ulrich Herbert, »Der Holocaust und die deutsche Gesellschaft«, in: »Auschwitz. Sechs Essays zu Geschen
hen und Vergegenwärtigung«, hrsg. von Klaus-Dietmar
Henke, in: *Hannah-Arendt-Institut. Berichte und Studi-
en*, Nr. 32, Dresden 2001, S. 19–36, hier S. 23). – Die im
Roman beschriebene Fotografie von den Erschießungen
ist fiktiv, es ist sehr unwahrscheinlich, dass eine solche
(mit allen Einzelheiten) tatsächlich existiert (Hinweis
von Klaus Hesse, Stiftung »Topographie des Terrors«,
Berlin). Wichtige Details wurden aber sicherlich von
Quellenberichten, die Bernhard Schlink wohl gelesen
hat, angeregt. Zwei Beispiele aus der sowjetischen
Ukraine können dies belegen: Einer der deutschen Mörder gibt über die Erschießung der Juden der ukrainischen Hauptstadt Kiew in der Schlucht von Babi Yar im
September 1941 zu Protokoll:

»Die Juden mußten sich mit dem Gesicht zur Erde an
die Muldenwände hinlegen. In der Mulde befanden sich
drei Gruppen mit Schützen, mit insgesamt etwa zwölf
Schützen. Gleichzeitig sind diesen Erschießungsgruppen von oben her laufend Juden zugeführt worden. Die
nachfolgenden Juden mußten sich auf die Leichen der
zuvor erschossenen Juden legen. Die Schützen standen
jeweils hinter den Juden und haben diese mit Genick-
schuß getötet.«
Zit. nach: Wolfgang Benz: Der Holocaust. München: C. H. Beck, 1999. S. 65. – © 1995 Verlag C.
H. Beck, München.

Als Zeuge eines Massakers an den Juden in Dubuo,
ebenfalls einer ukrainischen Stadt, am 5. Oktober 1942
berichtet ein deutscher Bau-Ingenieur 1945:

»Ich ging um den Erdhügel herum und stand vor dem
riesigen Grab. Dicht aneinandergepreßt lagen die Men-

schen so aufeinander, daß nur die Köpfe zu sehen waren. Von fast allen Köpfen rann Blut über die Schultern. Ein Teil der Erschossenen bewegte sich noch. Einige hoben ihre Arme und drehten den Kopf um, um zu zeigen, daß sie noch lebten. Die Grube war bereits dreiviertel voll. Nach meiner Schätzung lagen darin bereits ungefähr 1000 Menschen. Ich schaute mich nach dem Schützen um. Dieser, ein SS-Mann, saß am Rand der Schmalseite der Grube auf dem Erdboden, ließ die Beine in die Grube herabhängen, hatte auf seinen Knien eine Maschinenpistole liegen und rauchte eine Zigarette.«

Zit. nach: Gerhard Schoenberner: Der gelbe Stern. Die Judenverfolgung in Europa 1933–1945. Vom Autor durchges. und neu bearb. Ausg. München: btb, 1998. S. 120. – Copyright © 1960 Gerhard Schoenberner; Copyright © 1978, 1987 by C. Bertelsmann Verlag, einem Unternehmen der Verlagsgruppe Random House GmbH, München.

Dass ein *SS-Offizier* sich so verhält wie derjenige auf dem beschriebenen Foto, ist im Einzelfall zwar nicht völlig auszuschließen, die Regel war dies jedoch nicht. Gerade die Offiziere der Erschießungsgruppen haben den brutalen Massakern gerne einen förmlichen, legalistischen Anschein geben wollen und den Vorgang in ein militärisch-geordnetes Ritual gepresst – dies auch, um kein Unrechtsbewusstsein aufkommen zu lassen. Die Täter dieser Massenerschießungen haben sich allerdings in ihrer moralischen Gesinnung nicht vom Rest der deutschen Bevölkerung unterschieden, es waren in der Regel »ganz gewöhnliche Deutsche«. Die Beteiligung an den Morden war in einem hohen Grad auch freiwillig, gezwungen wurde niemand (vgl. dazu Christopher R. Browning, *Ganz normale Männer. Das Reserve-Polizeibataillon 101 und die »Endlösung« in Polen*, Reinbek b. Hamburg 1993). Die Leugnung der antisemitischen Motivation entspricht dem stilisierten Täterselbstbild, mit dem hinterher viele Mörder ihre Taten rationalisiert haben. Die Aussage – »Er haßt die Juden nicht« (147,3 f.) – könnte sich aber auch direkt auf Rudolf Höß (vgl. Anm. zu 193,28 f.) beziehen. Der Kommandant des KZ Auschwitz, der seine »Pflichten« sehr »effizient« erfüllte und für die Ermordung von einer Million Juden verantwortlich war, bestand ebenfalls darauf, die Juden persönlich nie gehasst zu haben. Adolf Eichmann (vgl. Anm. zu 68,2), Organisator der Deportation von Millionen Juden aus den besetzten Teilen Europas in die Vernichtungslager, werden in Heiner Kipphardts dokumentarischem Drama *Bruder Eichmann* ebenso die authentischen Worte, er sei »nie Antisemit gewesen«, in den Mund gelegt. Für den einfachen SS-Mann war allerdings ein besonderer Antisemitismus gar nicht nötig, um sich am Morden zu beteiligen. Gleichgültigkeit, Abstumpfung und Verrohung reichten dazu allein oft aus. »Viele taten es, weil sie es wollten, die anderen aber wollten es, weil sie es taten« (nach einer Formulierung Jan-Philipp Reemtsmas). Ein Polizist eines Grenzkommissariats sagte dementsprechend über Massenerschießungen und die freiwillige Teilnahme mancher SS-Angehöriger aus:

»Die Mitglieder des Grenzpolizeikommissariats waren bis auf wenige Ausnahmen gerne bereit, bei Erschießungen von Juden mitzumachen. Das war für sie ein Fest! … Da hat keiner gefehlt. Ich betone nochmals, daß man sich heute ein falsches Bild macht, wenn man glaubt, die Judenaktionen wurden widerwillig durchgeführt. Der Haß gegen die Juden war groß, es war Rache, und man wollte Geld und Gold. Wir wollen uns doch nichts vormachen, bei den Judenaktionen gab es etwas zu holen.«

Zit. nach: Willi Dreßen, Art. »Befehlsnotstand«. In: Benz, 2002. S. 46. – © 1992, 2002 Deutscher Taschenbuch Verlag GmbH & Co. KG, München.

148,9–12 *maschendrahtverhauene Tor:* vgl. Anm. zu 144,4 und Abb. S. 70 vom Tor der Gedenkstätte. Der Ich-Erzähler hat das ehemalige KZ Natzweiler-Struthof zuerst im Juni 1966 besucht, dann ein zweites Mal im Winter 1994/95; die Eindrücke der beiden Besuche werden kunstvoll miteinander verbunden.

149,5 *Krematoriumsöfen:* vgl. zu Anm. 98,27.

149,20 f. *Gaskammer:* vgl. allgemein Anm. zu 98,27. – Im August 1943 wurde in ein Nebengebäude des ehemaligen Hotelkomplexes Struthof eine Gaskammer eingebaut und zur Erprobung chemischer Kampfstoffe unter Leitung von Professor Otto Bickenbach (Universität Straßburg) benutzt. Für das Anatomische Institut der Universität Straßburg ermordete die SS in dieser Gaskammer auch mindestens 130 Häftlinge, um eine sogenannte »Skelettsammlung« für den SS-Hauptsturmführer und Straßburger Anatomieprofessor Hirt anzulegen.

150,5 *»Au Petit Garçon«:* (frz.) wörtl. ›Zum Jungchen‹; es stellt den Bezug zu Hanna her.

151,24–152,3 *Ich wollte Hannas Verbrechen zugleich verstehen und verurteilen … Aber beides ging nicht:* Bernhard Schlink führt in seinem Essay »Recht – Schuld – Zukunft« (in: *Vergangenheitsschuld,* S. 36) in genauer Entsprechung zu dieser Stelle das Beispiel des Sohns von Hans Frank (1900–46) an. Hans Frank war von Oktober 1939 bis Januar 1945 Gouverneur des Generalgouvernements (besetzte zentralpolnische Gebiete) und wurde 1946 vom Internationalen Militärgerichtshof in Nürnberg wegen Kriegsverbrechen und Verbrechen gegen die Menschlichkeit zum Tode verurteilt. Der Sohn (Niklas Frank, Schlink schreibt irrtümlich Reinhard Frank) hat sich nun öffentlich, um seine eigene Identität zu retten, von seinem Nazi-Vater »losgesagt« (Schlink bezieht sich auf einen *Stern*-Bericht vom 4. Juni 1987; vgl. auch Niklas Frank, *Der Vater. Eine Abrechnung,* München 1987). Hätte der Sohn, meint

Bernhard Schlink, diese Abrechnung mit dem Vater aus
Liebe und Verständnis nicht gemacht, dann wäre er
in »eine deformierende Solidar- und Schuldgemeinschaft« mit ihm verstrickt worden (*Vergangenheitsschuld*, S. 36). »Die Alternative, den Vater zu lieben und
zu verstehen und zugleich seine Taten zu verurteilen
und zu verabscheuen, hätte ihn zerrissen« (ebd.). Dies
ist nun genau das Problem des Ich-Erzählers. Das Ge-
genbeispiel zu Niklas Frank stellt Gudrun Burwitz dar,
die einzige legitime Tochter des früheren Reichsführers
der SS, Heinrich Himmler (1900–45), der in britischer
Gefangenschaft Selbstmord beging. Diese hat sich aus
Tochterliebe – trotz ihres Wissens um seine Massen-
morde – nicht von ihrem Vater »losgesagt« und spielte
jahrzehntelang eine wesentliche Rolle in der »Stillen
Hilfe«, einem geheimen Netzwerk der Alt- und Neo-
nazis, das auch Hermine Ryan-Braunsteiner (vgl. Anm.
zu 115,19) unterstützte (vgl. Norbert Lebert / Stephan
Lebert, *»Denn du trägst meinen Namen«. Das schwere
Erbe der prominenten Nazi-Kinder*, München 2002,
S. 138–173).

154,8 f. *Mann, der sein Tagwerk vollbracht hat und damit
zufrieden ist:* Die Beschreibung des Richters korrespondiert hier genau mit derjenigen des SS-Offiziers auf der
»Photographie von Erschießungen von Juden in Rußland« (147,1–3). Dieser Vergleich verweist auch auf die
Figurenkonzeption Bernhard Schlinks, mit der er bewusst für den Leser die Distanz zu den Tätern abbauen
will, wohl auch um zu zeigen, wie sehr es sich um
»ganz gewöhnliche Deutsche« handelt (vgl. Anm. zu
146,22–147,3) und nicht um »Monster [...], ganz fremd,
ganz anders, mit denen wir nichts gemein haben«
(Schlink, zit. nach: Hage/Doerry, 2000).

156,1 f. *Urteil verkündet ... lebenslänglich:* Dies entspricht
im Majdanek-Prozess dem Urteil gegen Hermine Ryan-
Braunsteiner. Von den anderen vier in diesem Prozess

angeklagten Frauen ist Alice Orlowski 1976 bereits ge-
storben, Rosa Süß, Charlotte Mayer und Hermine Böttcher wurden freigesprochen.

156,6 *Schulklasse:* Sowohl in den ersten Auschwitz-Prozess als auch in den Majdanek-Prozess wurden ständig
Schulklassen geschickt, die den Prozess zur Belehrung
beobachten sollten. Es ist jedoch zweifelhaft, ob Jura-
professoren ihre Studenten gezielt zur Beobachtung der
KZ-Prozesse aufgefordert haben.

160,20 *Sommer der Studentenbewegung:* Am 2. Juni 1967
besuchte Schah Reza Pahlewi von Persien, dessen dikta-
torisches Regime die Bundesrepublik großzügig mit
Entwicklungsgeldern unterstützte, Berlin. Bei den De-
monstrationen gegen den Schah kam es zu Straßen-
schlachten mit der Polizei; dabei wurde der unbeteiligte
26jährige Student Benno Ohnesorg von einem Polizisten erschossen. Die Empörung über dieses Ereignis und
die Kritik am Vorgehen der Polizei steigerte den Stu-
dentenprotest, der sich dann auch auf die westdeutschen Universitäten ausweitete und zur Grundlage einer
»linken« Sozialbewegung wurde. Deren Dauer war jedoch relativ kurz, mit dem Beginn der sozial-liberalen
Regierungskoalition im Oktober 1969 hatte die Studentenbewegung als Außerparlamentarische Opposition
(APO) ihr Ende bereits erreicht. Der »heiße« Sommer
1968 gilt als ihr Höhepunkt, nachdem am 11. April 1968
der wichtigste Sprecher der Studenten, Rudi Dutschke,
durch das Attentat eines Hilfsarbeiters schwer verletzt
wurde. In den darauf folgenden Tagen, Wochen und
Monaten steigerten sich die studentischen Protestaktio-
nen ständig, insbesondere gegen Verlags- und Druck-
häuser der Springer-Presse, die als geistige Urheber des
Attentats gesehen wurden.

160,24 *Hochschule und Hochschulreform:* Die Kritik der
Studenten entzündete sich insbesondere auch an den
Missständen im universitären Bereich: Der sprunghafte

Anstieg der Studentenzahlen gerade in den Jahren 1966/68, Mangel an Dozenten, »selbstherrliche« Professoren und veraltete Rangordnungen (»Unter den Talaren Muff von 1000 Jahren«) waren der Ausgangspunkt für die Gründung des Sozialistischen Deutschen Studentenbundes (SDS). Dieser forderte die Abschaffung der alten akademischen Selbstverwaltung und Einführung einer Drittelparität zwischen Professoren, Assistenten und Studierenden in den Entscheidungsgremien.

160,25 *Vietkong und Amerikaner:* Die Vietcong waren eine kommunistische Untergrundbewegung in Südvietnam. Nach der staatlichen Teilung Vietnams im Jahre 1954 führten sie einen vom kommunistischen Nordvietnam unterstützten Partisanenkrieg gegen das Regime in Südvietnam, das zur Einflusssphäre der USA gehörte. 1963 griffen deshalb US-Truppen auch direkt mit einem Bombenkrieg gegen »Vietcongdörfer« in den Konflikt ein und starteten ab 1964 auch Luftangriffe auf Nordvietnam. Im Jahr der Studentenbewegung (Januar 1968) kam es zur Offensive der Vietcong auf die US-Botschaft in Saigon und weitere Städte Südvietnams. Dieser »Vietnamkrieg« war der erste Krieg, der »live« im Fernsehen übertragen wurde, so dass die Kriegsgräuel und die Zerstörung von Infrastruktur und Landwirtschaft eines Landes auch weltweit visuell verfolgt werden konnte. Die Protestbewegung gegen diesen Krieg in den USA griff auch auf westeuropäische Staaten über und trug in der Bundesrepublik entscheidend zur Politisierung der Studentenbewegung bei. In Großdemonstrationen forderte diese den Rückzug der USA aus Vietnam und die Beendigung des Krieges. Erreicht hat sie nichts, der Krieg ging noch bis 1975 weiter und kostete 1 500 000 Vietnamesen und 58 000 US-Amerikanern das Leben.

160,27 f. *Auseinandersetzung mit der nationalsozialistischen Vergangenheit:* Dies war eine deutsche Besonder-

heit der Studentenbewegung, die es so in anderen Ländern nicht gab, denn im Land der NS-Täter führte für
die Studenten inzwischen – nach dem Eichmann- und
Auschwitz-Prozess (vgl. Anm. zu 86,2) – nahezu jeder
politische Konflikt an den Rand des nationalsozialistischen Abgrunds (vgl. auch Anm. zu 5,1 ff.). Der Schriftsteller Peter Schneider (Jahrgang 1940), ein aktiver
Achtundsechziger, erläutert rückblickend 1987: »In
Deutschland konnten wir unseren Protest nur durch
Stellungnahmen gegen die Väter ausdrücken.« Von Anfang an habe man die »geschichtliche Verpflichtung«
empfunden, nicht wie die eigenen Väter zu sein. »Auf
der gefühlsmäßigen Ebene richtete sich in Deutschland
der Protest speziell gegen die Generation, die für den
Nationalsozialismus verantwortlich war« (zit. nach:
Schlant, 2001, S. 107). In ihrer eigenen Auseinandersetzung mit dem NS-Vater fasst Dörte von Westerhagen
die Probleme einer solchen Haltung zusammen:

»Die Studenten gruben Mitte der sechziger Jahre die
braune Vergangenheit ihrer Universitäten und Hochschullehrer aus. In der Folgezeit führten sie der älteren
Generation am Beispiel des Vietnam-Krieges vor Augen, daß es mit der westdeutschen Demokratie nicht
zum Besten stand. Zum Dialog kam es jedoch nicht.
Auch jetzt, nach Ausbruch des Hasses, der Vorwürfe
und Anklagen, blieben die Jungen allein. Die Abwehr
der Alten wurde nur noch gereizter. Der Zorn der Kinder verbrauchte sich im Kampf gegen die Institutionen,
die unbewußte Identifizierung mit den Eltern wurde jedoch nicht gelöst. Wir erkannten nicht, daß die Väter
längst in uns weiter lebten, auf eine versteckte, schwer
zu durchschauende Weise«.

D. v. W.: Die Kinder der Täter. Das Dritte Reich
und die Generation danach. München: Kösel, 1987.
S. 223. – © 1987 Kösel-Verlag GmbH & Co. KG,
München.

Wohin dies führte, darauf macht Eric Santner (1990) aufmerksam: »Die zweite Generation erbte nicht nur die unbetrauerten Traumata der Eltern, sondern auch die seelischen Strukturen, die diese Trauerarbeit zuallererst verhinderten« (zit. nach: Schlant, 2001, S. 121). Vgl. Anm. zu 98,22 ff.

161,19–21 *Kollektivschuld moralisch und juristisch ... eine erlebte Realität:* Diese Schlüsselstelle des Romans ist vielfach auf Unverständnis gestoßen. Nach 1945 hat – entgegen einer tradierten Meinung – die These von der deutschen Kollektivschuld politisch und juristisch keine Rolle gespielt und auch nicht die alliierte Politik gegenüber Deutschland bestimmt. Sie existierte allerdings als psychisches Phänomen in der deutschen »Überlebensgesellschaft«, als Projektion des schlechten Gewissens und kollektiver Bestrafungsängste einer gefühlsmäßig auch nach 1945 noch weiter existierenden »Volksgemeinschaft« auf die alliierten Siegermächte. Zugleich zeigte sich hier auch die Kehrseite der Entlastungsthese fast aller Deutschen, dass ein dämonisierter Hitler und eine kleine NS-Elite das im Grunde unschuldig gebliebene deutsche Volk verführt habe (vgl. etwa Wolfgang Benz, Art. »Kollektivschuld«, in: Benz, 2002, S. 117–119). Die von verdrängten Ängsten motivierte Projektion einer »Kollektivschuld« in der »Ersten Generation« wiederholte sich in der »Zweiten Generation« als Projektion auf die Eltern. Die Aussage des Ich-Erzählers ist für diesen Teil der Studenten durchaus repräsentativ, wie der Artikel »Bankrott der Väter« des Schriftstellers Günter Herburger (Jahrgang 1932) zeigt, den dieser als Reaktion auf den Tod Benno Ohnesorgs (vgl. Anm. zu 160,20) im Juli 1967 veröffentlichte:

»Im Gefühl hat sich die Jugend [...] schon längst für die Kollektivschuld entschieden. Warum habt ihr damals mitgemacht, als Hitler hochkam, frage auch ich? Wir hören etwas von Schwierigkeiten, Arbeitslosigkeit, den Streitereien der Parteien und antworten immer wieder, daß es unverständlich sei, daß alle geschwiegen hätten. Ihr versteht das eben nicht, heißt es dann. [...] [Immer] noch wird bei uns befohlen und nicht überzeugt, wird versucht, wieder alte Soldatentradition zu erwecken, es gibt Militärbischöfe, Kriegerdenkmäler in Kirchen, nicht einmal der unabhängigen Justiz, die in der Nazizeit auch mitgemacht hat, ist es gelungen, Schuld zuzugeben. Die jungen Leute hören nur Worte wie ›Umstände‹ und ›Schicksal‹. Da helfen auch die einzelnen Kriegsverbrecherprozesse der letzten Jahre nicht mehr. Alle sichtbaren Zeichen von Macht sind von Schuld zersetzt, trotzdem werden sie immer wieder lackiert. In der neuen Generation bleibt aus der Vergangenheit nicht das Durcheinander von Tatsachen, Argumenten und Rechtfertigungen zurück, sondern ein verschwommenes Denkgefühl, das mehr oder weniger auf das geistige Klima reagiert, das heute im Land herrscht. Bei uns ist es dumpf.«

In: Der Monat 19 (1967) H. 226. S. 5, 7. – Mit Genehmigung von Günter Herburger, München.

»Ich denke«, äußert sich auch Bernhard Schlink in wörtlicher Übereinstimmung mit seinem Ich-Erzähler, »[die Kollektivschuld] ist eine Realität – eine, die sich in der dritten Generation verflüchtigen wird« (Kübler, 2000). Eine Begründung dafür gibt der Autor in seinem Essay »Recht – Schuld – Zukunft« (in: *Vergangenheitsschuld*, S. 10–37): Zunächst geht auch er als Jurist vom juristischen Schuldbegriff aus, der Schuld grundsätzlich nur individuell und subjektiv definiert und damit Kollektivschuld ausschließt (ebd., S. 11). Bernhard Schlink zeigt im Gegensatz dazu dann aber rechtsgeschichtlich auf, dass neben diesem juristischen Schuldbegriff noch ein weiter gefasster Begriff von Verantwortung, Haftung und Sühne existiert, durch den das Reden von kollektiver Schuld für ihn Sinn bekommt. Beim Umgang mit der kollektiven Vergangenheit kann in freier und verantwortlicher Entscheidung eine Ablehnung und Ausgrenzung Einzelner unterlassen worden sein, so dass man sich in deren Schuld verstrickt (vgl. auch *Vergangenheitsschuld*, S. 20 ff., außerdem S. 122 ff.).

161,23 f. *jüdische Grabsteine mit Hakenkreuzen beschmiert:* Die Schändung jüdischer Friedhöfe begleitet die Geschichte der Bundesrepublik in zunehmendem Maße. Das Bundeskriminalamt stellte im Zeitraum von 1948 bis zum 1. April 1966 insgesamt 857 Friedhofsschändungen in der BRD fest, davon bezogen sich mindestens 300 Schändungen auf jüdische Friedhöfe. Adolf Diamant (*Geschändete Jüdische Friedhöfe in Deutschland. 1945 bis 1999*, Potsdam 2000) schätzt, dass sich auf den etwa 1500 jüdischen Friedhöfen in Deutschland – 1300 in den alten, 200 in den neuen Bundesländern – im Zeitraum von Mai 1945 bis Dezember 1999 mehr als 1000 Schändungen ereignet haben (ebd., S. 14). Grabplatten wurden zertrümmert, Grabsteine umgestürzt, zerschlagen oder mit Parolen (z. B. »Tod den Juden«) und Symbolen (Hakenkreuze, Judensterne, Galgen, SS-Zeichen u. a.) beschmiert. Jüdische Friedhöfe liegen meist an einsamen Stellen, wo solche Aktionen oft nicht bemerkt werden, so dass auch die meisten Fälle ohne Aufklärung bleiben. Nach Schätzungen sind vielleicht die Hälfte der Täter rechtsextremistisch gesinnt. Im Zeitraum 1958–67, auf den sich der Ich-Erzähler wohl bezieht, sind solche Friedhofsschändungen gehäuft aufgetreten. Nachdem in der Nacht vom 24./25. Dezember 1959 die eben eingeweihte Kölner Synagoge geschändet wurde, kam es in der Bundesrepublik allein bis Ende Januar 1960 zu 685 antisemitischen und allgemein neonazistischen Ausschreitungen. In der Folge wiederholten

sich solche Schmierwellen, etwa zu Beginn des Eichmann-Prozesses 1961 und 1965, ausgelöst durch die
Schändung des jüdischen Friedhofs in Bamberg. Für
1966 verzeichnet die Statistik die höchste Zahl an
Schändungen (24) in den 60er Jahren (vgl. ebd., S. 32).

161,24–26 *viele alte Nazis bei den Gerichten, in der Verwaltung und an den Universitäten Karriere gemacht:*
Dies bezieht sich auf die Tatsache, dass die Funktionseliten des NS-Regimes, die unterhalb der Führungsebe-
ne den Staat mit Überzeugung mitgetragen hatten, in
den 50er Jahren fast nahtlos in die bundesrepublikanische Gesellschaft integriert wurden. Viele der von den
Alliierten als Hauptkriegsverbrecher Verurteilten kamen schrittweise frei und konnten oft zweite Karrieren
starten. Besonders schnell ging dies in der Wirtschaft,
am langsamsten beim Militär. Deshalb lebten bald zahlreiche der Schreibtischtäter des Reichssicherheitshaupt-
amtes in Berlin, der NS-Terrorzentrale, aber auch viele
der unmittelbar an der Durchführung der Vernich-
tungspolitik Beteiligten wieder als geachtete und wohl-
habende Bürger in der jungen Bundesrepublik. Nur auf
das KZ-Personal, vor allem die SS-Lagerkommandan-
ten, trifft dies weniger zu, denn diese wurden von den
Alliierten meist zur Verantwortung gezogen. Eine Folge
dieser bewussten Politik der Integration und Amnestie
(Begnadigung) war das Schweigen um die NS-Vergangenheit bis in die 60er Jahre. Es gab zwar Ansätze einer
öffentlichen Diskussion, aber unter Ausschaltung jeglicher persönlichen Betroffenheit, so dass die NS-Verbrechen ohne schuldige Täter und individuelle Verantwortung erörtert wurden. Zur Kontinuität der einzelnen
Funktionseliten vgl. Anm. zu 88,2 (Wehrmachtsoffizie-
re), 88,3 (Offiziere der Waffen-SS), 88,3 f. (Justiz und
Verwaltung), 88,4 (Lehrer), 88,5 (Ärzte).

161,26 f. *die Bundesrepublik den Staat Israel nicht aner-
kannte:* Diese Behauptung des Ich-Erzählers bleibt un-

klar, historisch ist sie falsch. Die deutsch-israelischen
Beziehungen beginnen Anfang der 50er Jahre und sind
kontinuierlich ausgebaut worden. Dazu haben das Lu-
xemburger Abkommen mit Israel (1952) und die Wie-
dergutmachungs- und Entschädigungsregelungen (1953)
die Grundlage gelegt. Seit 1965 gibt es auch diplomati-
sche Beziehungen.

161,27 f. *Emigration und Widerstand weniger überliefert:*
Literatur über Emigration und Widerstand war in den
Jahren vor 1967/68 tatsächlich nicht gefragt. Eine wissenschaftliche Erarbeitung dieser Themen begann überhaupt erst seit dieser Zeit und dann vor allem seit den
70er Jahren, in denen auch entsprechende wissenschaftliche Projekte finanziell gefördert wurden. Nachdem es
bisher auch nur um den Widerstand einiger alter Eliten
ging, erfuhr der Widerstandsbegriff jetzt eine Auswei-
tung und Differenzierung. Auch der zahlenmäßig sehr
starke kommunistische, sozialistische und sozialdemo-
kratische Widerstand, bisher im Rahmen des Kalten
Krieges weitgehend ignoriert oder nur beiläufig erwähnt, geriet mehr in das Blickfeld. Noch stärker als
der Widerstand war die Emigration tabuisiert worden. Alexander und Margarete Mitscherlich beschreiben
1967 in ihrer Studie *Die Unfähigkeit zu trauern* (Tb.-
Ausg. München [16]2001, S. 65–71), wie die Deutschen
»Emigration als Makel« betrachteten und behandelten.
Dem Emigranten Willy Brandt wurde diese Vergangenheit vorgeworfen, er könne deshalb nicht Bundeskanz-
ler werden (ebd., S. 68). Sie verweisen – als direkte Be-
stätigung der These des Ich-Erzählers – darauf, dass
eine Geschichte sowohl der deutschen Emigration als
auch der deutschen Exilliteratur fehle, die deutsche
Germanistik sei diesem Thema bemüht und erfolgreich
ausgewichen (ebd.). Allerdings lag zur deutschen Exilliteratur bereits in der Nachkriegszeit die Pionierarbeit
von Walter A. Berendsohn (*Die Humanistische Front,*

Bd. 1, Zürich 1946) vor. Ab 1967 begann aber erst eine intensivere Auseinandersetzung mit diesem Thema, etwa durch die Darstellungen von Matthias Wegner (*Exil und Literatur. Deutsche Schriftsteller im Ausland 1933–1945*, Frankfurt a.M. 1967) und Hans-Albert Walter (*Deutsche Exilliteratur*, 2 Bde., Neuwied 1972). Zum Thema allgemein vgl. Hartmut Mehringer, *Widerstand und Emigration. Das NS-Regime und seine Gegner*, München 1997.

166,12 *Psychoanalytikerin:* Dies ist eine Psychologin, die in Sigmund Freuds Lehre von der Dynamik des unbewussten Seelenlebens ausgebildet ist und seelische Erkrankungen nach den darauf beruhenden Methoden behandelt. Den Rat, der Ich-Erzähler müsse sein Verhältnis zu seiner Mutter aufarbeiten (166,12–15), haben einige der Interpreten des *Vorlesers* aufgenommen und die Beziehung Michaels zu Hanna, vermittelt über das Waschritual, als versteckte Bindung des Sohns an die Mutter gedeutet.

167,4 *Bergfriedhof:* Dies ist der Haupt- und Zentralfriedhof Heidelbergs, nach Westen von der Rohrbacher Straße und nach Norden vom Steigerweg begrenzt (vgl. Stadtplan S. 8/9), Ruhestätte für die bedeutenden Persönlichkeiten des Heidelberger Bürgertums, z. B. Friedrich Ebert, Wilhelm Furtwängler, der Soziologe Max Weber und viele prominente Naturwissenschaftler. Auch der Strafrechtler Gustav Radbruch (vgl. Anm. zu 86,3–9) hat hier seine letzte Ruhestätte gefunden.

168,14 *Fahrt nach Schwetzingen:* vgl. Anm. zu 45,4.

171,10 *grotesk:* (frz.) wunderlich, grillenhaft, überspannt, verzerrt.

173,14 *Schimäre:* (griech.) Trugbild, Hirngespinst.

174,18 f. *Erzählungen von Schnitzler und Tschechow:* Arthur Schnitzler (1862–1931) ist einer der bedeutendsten Autoren der »Wiener Moderne« an der Wende vom 19. zum 20. Jh. Seine Erzählungen sind einerseits dem Realismus des 19. Jh.s, andererseits einer modernen Erzähltechnik der Verinnerlichung verpflichtet. – Anton Pawlowitsch Tschechow (1860–1904), ein herausragender russischer Autor der Jahrhundertwende, interessiert sich in seinen Erzählungen, die wie diejenigen Schnitzlers realistische und moderne Elemente verbinden, für Lebenslügen, Fluchten in Traumwelten, verminderte Fähigkeit zur Kommunikation und seelisches Absterben der Figuren.

175,26 f. *Keller und Fontane … Heine und Mörike:* Die Namen dieser vier Autoren fallen immer wieder, wenn Journalisten Bernhard Schlink nach seinen literarischen Vorlieben und Vorbildern befragen.

176,1 f. *großes bildungsbürgerliches Urvertrauen:* Dies meint vor allem die Vorliebe für Autoren des 19. Jh.s, die lange Zeit auch zum Lesekanon des deutschen Bildungsbürgertums gehört haben.

176,4 *Kafka, Frisch, Johnson, Bachmann und Lenz:* Michael Berg nennt hier den Klassiker der literarischen Moderne im ersten Viertel des 20. Jh.s und vier der wichtigsten deutschsprachigen Autoren der Nachkriegszeit im dritten Viertel des Jh.s, die weitgehend auch moderne Darstellungsformen bevorzugt haben: Franz Kafka (1883–1934), Max Frisch (1911–91), Uwe Johnson (1943–84), Ingeborg Bachmann (1926–73) und Siegfried Lenz (geb. 1926).

178,6–8 *Was immer ich …, hatte ich gelesen:* vgl. Anm. zu 126,12–127,30 (Analphabetismus).

178,17 f. *Schritt aus der Unmündigkeit zur Mündigkeit …, einen aufklärerischen Schritt:* Diese Stelle ist eine Anspielung auf den Anfang von Kants (vgl. Anm. zu 61,25) berühmter Definition des Begriffs »Aufklärung«: »Aufklärung ist der Ausgang des Menschen aus seiner selbstverschuldeten Unmündigkeit. Unmündigkeit ist das Unvermögen, sich seines Verstandes ohne Leitung eines anderen zu bedienen. Selbstverschuldet ist diese

Unmündigkeit, wenn die Ursache derselben nicht am
Mangel des Verstandes, sondern der Entschließung und
des Mutes liegt, sich seiner ohne Leitung eines anderen
zu bedienen. [...] Habe Mut, dich deines eigenen Verstandes zu bedienen! ist also der Wahlspruch der Aufklärung« (Immanuel Kant, »Beantwortung der Frage:
Was ist Aufklärung?«, in: *Berlinische Monatsschrift* 4,
1784, S. 481, zit. nach der von Ehrhard Bahr hrsg. Text-
sammlung *Was ist Aufklärung? Thesen und Definitio-
nen*, Stuttgart 1996, S. 9). Der Ich-Erzähler deutet
Hannas Analphabetismus damit als Unmündigkeit, die
autodidaktische Überwindung dieses Zustandes im Gefängnis als Entwicklung zur Mündigkeit.

179,6 *blühen schon die Forsythien:* Erinnerung an den
Fahrrad-Ausflug Ostern 1959 (vgl. Anm. zu 53,4).

179,12 *»Schnitzler ..., Stefan Zweig ...«:* zu Schnitzler vgl.
Anm. zu 174,18 f. Der österr. Schriftsteller Stefan Zweig
(1881–1942), Sohn eines reichen jüdischen Textilfabri-
kanten, war in den 1920er Jahren einer der meistgelese-
nen deutschsprachigen Autoren. In seinen Erzählungen
verbindet er spannende Handlungen mit psychologi-
scher Seelenanalyse. Er nahm sich im Exil in Brasilien
das Leben.

179,13 *»Keller braucht eine Frau«:* vgl. Anm. zu 175,26 f.
Die Bemerkung ist auch eine Anspielung darauf, dass
der kleinwüchsige Gottfried Keller sein Leben lang unglückliche und unerfüllte Liebesbeziehungen hatte und
auch einige seiner literarischen Figuren dieses Schicksal
teilen.

179,15 *Lenz:* vgl. Anm. zu 175,4.

192,1 f. *Hanna ... hatte sich bei Tagesanbruch erhängt:*
Das Ereignis hat ein historisches Vorbild im Selbstmord
Ilse Kochs (1906–1967), der Frau des zeitweiligen KZ-
Kommandanten von Buchenwald. Sie galt als brutal
und grausam, als »Hexe von Buchenwald«. Zwar hatte
sie selbst keinen Häftling umgebracht, wurde aber in ei-

nem US-Militärgerichtsprozess in Dachau 1947 als einzige weibliche Angeklagte schuldig gesprochen und zu lebenslanger Haft verurteilt. Dieses Urteil wandelten die Alliierten 1948 in eine kurze Haftstrafe um. Nach deren Verbüßung überstellte man sie der bundesrepublikanischen Justiz, die sie 1951 erneut zu lebenslangem Zuchthaus verurteilte. Ulrich Herbert, Karin Orth und Christoph Dieckmann (*Die nationalsozialistischen Konzentrationslager. Entwicklung und Struktur*, Göttingen 1998) kommentieren diesen Vorgang in ihrer »Einleitung« (ebd., Bd. 1, S. 19): Während »in den fünfziger Jahren ehemalige Gestapochefs und Generäle der Waffen-SS ebenso wie Kommandanten von Einsatzgruppen, die Zehntausende von Juden hatten erschießen lassen, nach wenigen Jahren der Haft ihre Freiheit wiedererlangten und nicht selten in kurzer Zeit zu geachteten und wohlhabenden Bürgern aufstiegen, verblieb Koch im Aichinger Frauengefängnis, wo sie 1967 schließlich Selbstmord beging«. Sie hatte sich – wie die fiktive Hanna im *Vorleser* – in ihrer Zelle erhängt. Im Gegensatz zu den Bemühungen der Romanfigur waren ihre wiederholten Gnadengesuche ohne Erfolg geblieben. Für Hannas Selbstmord werden oft verschiedene Gründe aufgelistet, am häufigsten die Vermutung, dass sie in ihrem neuen Zustand der Mündigkeit erstmals ihre eigene Lebensgeschichte begriffen und damit auch die Fähigkeit zu moralischen Entscheidungen erlangt hat. Aus der Erkenntnis ihrer Schuld habe sie dann die entsprechende Konsequenz gezogen (vgl. auch Anm. zu 193,25 f.).

193,25 f. *Primo Levi, Elie Wiesel, Tadeusz Borowski, Jean Améry – die Literatur der Opfer:* Hier werden vier klassische Autoren der »Holocaust-Literatur« genannt. Der Italiener *Primo Levi* (1919–87), der jüdischer Herkunft war, aber keine engere Verbindung zum Judentum mehr hatte, arbeitete seit 1941 beruflich als Industriechemi-

ker. Wegen der verschärften Judenverfolgung in Italien
wurde er Mitglied einer Widerstandsgruppe und nach
seiner Verhaftung Anfang 1944 nach Auschwitz deportiert. Hier setzte ihn die SS unter unmenschlichen Bedingungen als Laborkraft ein, bis ihn im Januar 1945 die
Rote Armee befreite. Obwohl er seine berufliche Tätigkeit als Chemiker in der Industrie wieder aufnahm, hat
er sich parallel dazu als Schriftsteller mit den trau-
matisierenden KZ-Erfahrungen auseinander gesetzt. Er
konnte sich davon jedoch nicht befreien und nahm sich
im Alter von 67 Jahren in seiner Geburtsstadt Turin das
Leben. Die Erlebnisse seiner elf Monate im Vernichtungslager Auschwitz hat Levi in seinem autobiographischen Bericht *Se questo è un uomo* (1947) als Augen-
zeuge und Überlebender geschildert, um den Ermordeten ein bleibendes Andenken zu errichten. Sein Buch,
mit dem er auch die Täter in der Darstellung ihrer Verbrechen verstehen wollte, stieß erst seit der Ausgabe
von 1958 auf internationales Interesse, die erste deutsche Übersetzung (*Ist das ein Mensch?*) erschien 1961. –
Elie Wiesel, 1928 als Sohn eines jüdischen Kaufmanns in
Siebenbürgen geboren, wurde im April 1944 mit seiner
Familie nach Auschwitz deportiert, im Januar 1945 auf
einem »Todesmarsch« (vgl. Anm. zu 92,25 f.) ins KZ
Buchenwald getrieben und dort im April befreit. Als
Schriftsteller und Publizist hat er sich bis heute weltweit als Mahner zum Gedenken an die Opfer des Holocaust engagiert und dafür auch 1986 den Friedensnobel-
preis bekommen. Er lebt als Literaturprofessor in den
USA. Seine 1956 veröffentlichten und in Jiddisch ge-
schriebenen Lagererinnerungen *Un die Velt Hot Ge-
schvign* sind in der Bundesrepublik 1958 in einer ge-
kürzten deutschen Übersetzung unter dem Titel *Nacht*
erschienen. Der Autor erzählt darin von der für die
I. G. Farben zu leistenden Zwangsarbeit in »Auschwitz
III« (vgl. Anm. zu 92,23), vom Todesmarsch und vom

Überleben in Buchenwald. »Man kann es nicht erzäh-
len«, fasst Elie Wiesel die Probleme einer literarischen
Vermittlung zusammen, »aber man darf es nicht ver-
schweigen«. – Der poln. Schriftsteller *Tadeusz Borowski*
(1922–51), seit April 1943 in Auschwitz inhaftiert, hat
verschiedene Konzentrationslager erlebt, zuletzt Dachau, wo er 1945 befreit wurde. Unmittelbar danach begann er seine schrecklichen Erfahrungen in Kurzge-
schichten literarisch zu verarbeiten. In Warschau nahm
er sich 1951 das Leben. Seine gesammelten Erzählungen, 1959 in Warschau veröffentlicht, erschienen 1963
unter dem Titel *Die steinerne Welt* in einer ersten deutschen Ausgabe. Mit einer radikal realistischen Schreib-
weise zeigt der Autor die grausame Wirklichkeit der
Lager in ihren entmenschlichenden Auswirkungen auf
die Opfer. – Der österr. Schriftsteller und Publizist *Jean
Améry* (1912–78) stammte aus einer jüdischen Familie
in Wien und emigrierte 1938 nach Belgien. Als Mitglied
der Widerstandsbewegung gegen die deutsche Besatzungsmacht war er nach seiner Verhaftung 1943–45 in
mehreren Konzentrationslagern interniert. 1978 nahm
er sich in einem Salzburger Hotel mit Tabletten das
Leben. In seinen autobiographischen Schriften und Essays, unter dem Titel *Jenseits von Schuld und Sühne. Bewältigungsversuche eines Überwältigten* 1966 in
München veröffentlicht, berichtet er von seinen Ausch-
witz-Erfahrungen und erörtert die Probleme eines
überlebenden Opfers. 1976 erschien sein Essay *Hand
an sich legen – Diskurs über den Freitod*, mit dem er,
ausgehend von menschlicher Freiheit und Heimatlosig-
keit, den Entschluss zum Freitod ohne Tabus und sehr
genau begründet. – Die wesentlichen literarischen Ver-
arbeitungen ihrer KZ-Erlebnisse sind alle – ausgenom-
men Amérys Essays – 1958/59 in eine breitere Öffentlichkeit gelangt (vgl. Anm. zu 5,1–12).

193,27f. *autobiographischen Aufzeichnungen von Rudolf*

Höss: Rudolf Höß (1900–47) stammte aus einer katholischen Kaufmannsfamilie und gehörte in der Weimarer Republik rechtsradikalen Kreisen an. Seine Karriere im Nationalsozialismus begann 1934 im KZ Dachau, 1940–43 war er der erste Lagerkommandant von Auschwitz. Nach einer kurzen Zeit als Amtschef im Wirtschaftsverwaltungshauptamt (WVHA) kehrte er erneut nach Auschwitz zurück und leitete den Massenmord an den ungarischen Juden. Nach dem Ende des Krieges tauchte er unter, wurde dann aber doch am 11. März 1946 in der Nähe von Flensburg verhaftet und an Polen ausgeliefert. Vor seinem Prozess in Warschau saß er in Krakau in Untersuchungshaft. Hier verfasste er im Bewusstsein seines bevorstehenden Todes eine Autobiographie unter dem Titel »Meine Psyche. Werden, Leben und Erleben und eine Reihe von Aufzeichnungen«. Am 2. April 1947 wurde er vom Obersten Nationalgericht Polens zum Tode verurteilt und am 16. April in Auschwitz gehenkt. Seine Selbstdarstellung gilt als ein Schlüsseltext für das Verständnis von SS-Karrieren und Täter-Biographien. Sie ist das Dokument eines Unbelehrbaren ohne Unrechtsbewusstsein, der ehrgeizig, pflichtbesessen und autoritätsgläubig war. Indem er sich in seinem Rechenschaftsbericht selber noch einmal der Werteordnung vergewissert, die er noch immer als »normal« empfindet, nämlich Familie, Staatsdienst und Volk, wird indirekt die autoritäre Erziehung als eine der Ursachen seines Verhaltens deutlich. Die von Martin Broszat erstmals 1958 unter dem Titel *Kommandant in Auschwitz. Autobiographische Aufzeichnungen des Rudolf Höß* herausgegebene Dokumentation enthält den autobiographischen Text und zwei längere Aufzeichnungen über die »Endlösung der Judenfrage« in Auschwitz und über Himmler. Vgl. auch die Anm. zu 5,1–12 (Wiederkehr der Täter), 90,11–13 und 98,25–30 (Höß als Beleg und Beispiel für die These des Ich-Erzählers).

193,28 f. *Hannah Arendts Bericht über Eichmann in Jerusalem:* Hannah Arendt (1906–75) war eine bedeutende politische Philosophin, Politologin und Soziologin, die als Jüdin Deutschland 1933 verlassen musste, dann in Paris und ab 1941 in New York lebte. 1961 ging sie auf eigenen Wunsch als Gerichtsreporterin nach Jerusalem, um den Eichmann-Prozess (vgl. Anm. zu 86,2) zu verfolgen und damit einen der deutschen NS-Täter aus der Nähe zu beobachten. Ihre fünfteilige Artikelserie für den *New Yorker* veröffentlichte sie 1963 als Buch, das 1964 in einer deutschen Übersetzung unter dem Titel *Eichmann in Jerusalem. Ein Bericht von der Banalität des Bösen* erschien. Darin dokumentiert sie nicht nur Inhalt und Verlauf des Prozesses, sondern entwirft auch ein Psychogramm Eichmanns als Verwaltungsmassenmörder (»Schreibtischtäter«). Der Angeklagte ist nach ihrem Urteil kein teuflisches Monster, motiviert von niederen Beweggründen und antisemitischem Fanatismus, sondern ein »erschreckend« normaler Bürokrat und Technokrat, angetrieben von persönlicher Korrektheit, Pflichtgefühl und Karrieredenken. Die missverständliche Formel von der »Banalität des Bösen« meint also nicht, dass das Böse banal wäre, sondern dass die Täter, die es organisierten und ausführten, ziemlich banale Menschen sind, die nicht einmal die Fähigkeit haben, ein angemessenes Bewusstsein ihrer Situation und Taten zu entwickeln (vgl. auch Anm. zu 146,22–147,3 und 154,8 f.). Aus heutiger Sicht hat Hannah Arendt die weltanschauliche Motivation der Täter stark unterschätzt, denn Eichmann war, wie Hans Mommsen bemerkt, »nicht einfach nur ein kleines Rädchen im Getriebe« (»›Finden Sie das wirklich progressiv?‹ Ein Gespräch mit dem Politiker Daniel Cohn-Bendit und dem Historiker Hans Mommsen über Hannah Arendt, ihre Ausstrahlung, ihr Werk und dessen verzögerte Rezeption in Deutschland«, in: *Literaturen*, Nr. 9, 2002, S. 33). Für die Figurenkonzeption des *Vorle-*

sers sind ihre Ausführungen aber von zentraler Bedeutung; Daniel Cohn-Bendit meint, Arendt wolle zeigen, »dass es ein regelrechtes System gab, das aus Eichmann einen anderen Menschen machen konnte, jemanden, der die Funktion hat, die Vernichtung der Juden zu organisieren«. Sie habe analysiert, »wie das nationalsozialistische System und deutsche Charakterstrukturen ineinander greifen konnten«, und damit deutlich gemacht, dass man die Debatte über diese Zeit entpolitisiere, wenn man diese Entwicklung dämonisiere. Die grundlegende und richtige These des Buches sei: »Es stellt das Problem der subjektiven Verantwortung in den Vordergrund, wie aus Mitmachern Täter wurden« (ebd.). Zudem macht sie in einigen Bemerkungen zur Rolle der Judenräte bei der Lagerverwaltung deutlich, »dass man sich von schuldhaften Entwicklungen der Geschichte nicht ausklammern kann, nur weil man gerade auf der Opferseite steht« (Hans Mommsen, ebd., S. 35). Es ist kein Zufall, dass sich manche Vorwürfe gegen Hannah Arendt wie jene, sie habe Eichmanns Verhalten »entschuldigt« oder die Juden »verurteilt«, im Falle von Schlinks *Vorleser* wiederholen, wenngleich in leicht abgewandelter Form.

194,7 f. *Institut für Zeitgeschichte … entsprechende Spezialbibliographie:* Dieses Institut, das zwischen 1947 und 1949 – im besonderen Maße auch gefördert durch das Interesse der amerikanischen Militärregierung – in München gegründet wurde, nannte sich zunächst »Münchner Institut zur Erforschung der nationalsozialistischen Zeit«. Es war ein politisch heftig umkämpftes Projekt, das zunächst von Bayern und den anderen Ländern der US-Zone finanziert wurde. Nach der Umbenennung in »Institut für Zeitgeschichte« im Mai 1952 haben sich so nach und nach im Laufe der 50er Jahre auch die anderen Länder der Bundesrepublik an den Kosten beteiligt. »Spezialbibliographien« für private Interessenten erstellt das Institut jedoch nicht.

194,15f. »*Frühling läßt sein blaues Band wieder flattern durch die Lüfte*«: Hier handelt es sich um die beiden Anfangsverse von Eduard Mörikes (vgl. Anm. zu 175,26f.) bekanntem Frühlingsgedicht *Er ists*.

194,16f. »*Wolkenschatten fliehen über Felder*«: Mit dieser Verszeile beginnt das Gedicht *Märztag* (aus der Sammlung *Bunte Beute*, 1903) von Detlev von Liliencron (1844–1909).

196,12–29 *Kloster … Klause:* In dieser Steigerung zeigt sich wohl auch Hannas zunehmende Erkenntnis ihrer Schuld (vgl. Anm. zu 178,17f.). Das Kloster ist zwar ein relativ weltabgewandter Ort, aber die Nonnen leben immerhin noch im Rahmen einer Gemeinschaft. Die Klause ist jedoch darüber hinaus ein besonders einsamer Ort, an dem eine Einsiedlerin unter bewusster Abkehr von jeder Gemeinschaft lebt, um nach innerer Vollkommenheit in Übereinstimmung mit einer göttlichen Ordnung zu streben. Häufig steht dahinter aber auch die Überzeugung, für eine große Schuld sühnen zu müssen. Dazu passt die Umkehrung des ehemaligen Waschzwangs in sein Gegenteil (vgl. Anm. zu 33,9f.). Bernhard Schlink hat dies aber auch den Vorwurf eingebracht, aus einer KZ-Wärterin eine »Heilige« zu machen.

199,14–200,13 *Haus in den herbstbunten Hügeln … Reihenhäusern aus dunklem Sandstein:* vgl. Anm. zu 8,13–11,4. Das Motiv des Hauses prägt durch die Verknüpfung von Anfang und Ende eine Kreisstruktur in die Erinnerungsarbeit des Ich-Erzählers.

202,30 *kyrillischen Schriftzeichen:* alphabetische Schrift der slawischen Sprachen Russisch, Bulgarisch und Serbisch.

203,13 *Holocaust:* vgl. Anm. zu 142,28.

203,14 *Absolution:* Los-, Freisprechung, insbes. Sündenvergebung.

203,24f. *Analphabetismus … nicht gerade ein jüdisches Problem:* Die Jüdin spielt hier mit einem berechtigten kulturellen Selbstbewusstsein auf den traditionell ho-

hen Rang von Schriftkenntnis, insbesondere des Heb-
räischen, und Gelehrsamkeit in den jüdischen Gemein-
schaften an. Vor allem der Babylonische Talmud (wörtl.
»die Belehrung«), das grundlegende Werk der jüdisch-
rabbinischen Tradition, diente dem Judentum oftmals
als Fundament der Erziehung und Bildung. Für ein in
der Welt zerstreutes Volk war dies verbindendes Medi-
um und Grundlage für höchstes Ansehen, oberstes reli-
giöses Gebot und zugleich Kompensation für die Realität einer diskriminierten Minderheit. Seit der Antike
galt daher, was der jüdische Geschichtsschreiber Flavi-
us Josephus (37–100 n. Chr.) berichtet: »Bei uns muß
jedes Kind lesen lernen, daher wird man kaum jüdische
Knaben finden, denen das Lesen einer Schriftsprache
fremd wäre, und daher [gibt es] so viele jüdische arme
Väter, die sich das Nötigste versagen, um ihren Kindern Unterricht erteilen zu lassen« (zit. nach: *Jüdisches
Lexikon. Handbuch des jüdischen Wissens in vier Bän-
den*, begr. von Georg Herlitz und Bruno Kirschner,
Bd. 1, Berlin 1927, S. 299 f.). In den europäischen Ländern war die Unterrichtssprache Jiddisch, um Hebrä-
isch zu lernen. Aber auch was das Lesen und Schreiben
in der jeweiligen Landessprache anbelangt, war die
Zahl der in einem solchen Sinne jüdischen »Analphabeten« im Verhältnis meist geringer als die der nichtjüdischen Bevölkerung. Unterschiede gab es allerdings
zwischen Jungen, für die der Pflichtunterricht obligatorisch war, und Mädchen, die hier nicht immer einbezo-
gen wurden. Auch die Juden Osteuropas beherrschten
vielfach die Landessprache nicht, deshalb war das ge-
bildete Westjudentum schon in den 1920er Jahren der
Meinung, die Ostjuden kämen mit »geringem geistigen
Gepäck« nach Westeuropa. Dennoch ist die Aussage
der Jüdin historisch wohl korrekt, auch wenn sie empi-
risch (mit gesichertem Datenmaterial) nicht genauer zu
belegen ist.

206,30–207,1 *Jewish League Against Illiteracy:* Der Name dieses gemeinnützigen jüdischen Bündnisses gegen Analphabetismus ist fiktiv, die Sache aber war vielleicht zu der Zeit, als Schlink seinen *Vorleser* schrieb, bereits im Gespräch. Jedenfalls wurde in den Jahren 1997/98 von Leonard Fein im US-Staat Massachusetts die »National Jewish Coalition for Literacy« (NJCL) gegründet, an der viele jüdische US-Organisationen beteiligt sind, die inzwischen ein umfangreiches Netzwerk über die gesamten USA aufgebaut haben. Motiviert von dem Wunsch nach sozialer Gerechtigkeit, versucht die NJCL mit vielen freiwilligen Helfern den bereits bei Kindern weit verbreiteten funktionalen Analphabetismus (vgl. Anm. zu 126,12–127,30) in den USA wirksam zu bekämpfen. Denn: »Wenn Juden etwas im Überfluss haben«, so der Gründer Leonard Fein, »dann Bildung« (»If Jews have a surplus of anything, we have a surplus of literacy«). Daraus spricht das gleiche kulturelle Selbstbewusstsein wie bei der jüdischen Zeugin (vgl. Anm. zu 203,24 f.).

II. Dokumente zur journalistischen Rezeption nach Erscheinen des *Vorlesers*

Die fast nur positive Aufnahme des Romans bei den Kritikern der großen Tageszeitungen war für Bernhard Schlink selbst eine Überraschung, weil er sein Buch als »politisch inkorrekt« betrachtet und eher negative Kritiken erwartet hatte. Der folgende kleine Pressespiegel dokumentiert für Deutschland einige exemplarische Reaktionen – sowohl sehr oder überwiegend zustimmende Rezensionen als auch die einzige negative Stimme (Claus-Ulrich Bielefeld). Die vor allem positive Aufnahme des *Vorlesers* wiederholt sich dann auch international, wie die kleine Auswahl an Stimmen aus England, den USA, Frankreich und Israel zeigen kann.

1. Deutschland/Schweiz

Die erste größere Rezension stammt von Tilman Krause und zeigt bereits die begeisterte Wertschätzung des Romans, die in den folgenden Monaten und Jahren zahlreiche Besprechungen des *Vorlesers* im In- und Ausland auszeichnet:

»Die Außenseiter sollen leben. Sie sind es, die frischen Wind in unsere flügellahme Literatur bringen. Sie packen die relevanten Themen an und achten doch das Unterhaltungsbedürfnis des Lesers. Handelt es sich auch noch, wie hier, um einen Juristen, so wird die deutsche Belletristik zu ihrem großen Gewinn um Elemente bereichert, die sie fast verloren hat: Scharfsinn und die Lust am Argumentieren.
[...] *Land der Väter, Land der Söhne*, lautet der Titel eines Films von Nico Hoffmann, der 1989 erstmals die Schuldgemeinschaft der Tätergeneration und ihrer Kinder zum

Gegenstand machte, indem sich dort ein Sohn die Liebe zu einem schuldig gewordenen Vater nicht verbietet und die familiäre Solidargemeinschaft über die abstrakte Verurteilung im Namen der Geschichte stellt. Dieses Unternehmen ist in der Literatur noch kaum gewagt worden, von zaghaften Versuchen wie in Peter Schneiders Erzählung *Vati* (1987) einmal abgesehen, wo ebenfalls einer über den Graben zwischen den Generationen springt. Doch Schlink geht einen Schritt weiter: Er parallelisiert die vergleichsweise harmlose Schuld eines Nachgeborenen mit der Schuld der Älteren. Sein Demonstrationsobjekt ist kein Elternteil, insofern ist die Versuchsanordnung weniger verfänglich. Aber die Botschaft gilt unmißverständlich beiden Generationen, die im selben Boot sitzen.

Dabei bringt der Autor das Kunststück fertig, nicht im Sinne rechter Revisionisten auf das Schwingen von Faschismuskeulen seinerseits mit dem Geschützdonner der Verurteilung zu antworten. Für den anklagenden Zeigefinger der 68er hat Schlink Verständnis. Zwar habe der nicht von der lähmenden Scham befreit. ›Aber er überwand das Leiden an ihr. Er setzte das passive Leiden an der Scham in Energie um‹. Das sei legitim, und – so könnte man den Gedanken fortspinnen – nach der Verschwörung des Verschweigens war es sogar notwendig.

Die ›große‹ historische Schuld wird auch nicht durch die ›kleine‹ persönliche relativiert. Die politische Reflexion endet bewußt und pointiert in der Aporie: ›Beidem wollte ich mich stellen: dem Verstehen und dem Verurteilen. Aber beides ging nicht.‹ Und daß es nicht geht, weil die Imponderabilien des Herzens den Intentionen des Hirns immer und zu allen Zeiten Striche durch die Rechnung machen, das sagt unausgesprochen auf der Handlungsebene die Geschichte einer unmöglichen und dennoch gelebten Liebe, die *Der Vorleser* auch erzählt.

Schlinks mutiges Buch mündet nicht in die Losung ›alles verstehen heißt alles verzeihen‹. Wenn es denn eine Lehre vermittelt, so heißt sie eher: ›Man wird nie alles verstehen, darum sollte man sich gerechterweise mit dem Verurteilen zurückhalten.‹ Da wir es hier aber mit Literatur zu tun haben, steht die Lehre gar nicht im Vordergrund. In erster Linie ist dies eine aufregende Fallgeschichte, so gezügelt wie Genuß gewährend erzählt. Das sollte man sich nicht entgehen lassen, weil es in der deutschen Literatur unserer Tage hohen Seltenheitswert besitzt.«

> T. K.: Keine Elternaustreibung. Ein Höhepunkt im deutschen Bücherherbst: Bernhard Schlinks Roman über die 68er und die deutsche Schuld. In: Der Tagesspiegel. 3. September 1995. – Mit Genehmigung von Tilman Krause, Berlin.

WERNER FULD schreibt:

»[...] Bernhard Schlink erzählt die Geschichte aus der Erinnerungsperspektive des Mannes, dessen ganzes Leben von der Begegnung mit dieser Frau geprägt wurde.
Dabei gelingt ihm das in der deutschen Literatur seltene Kunststück, so behutsam wie möglich, vor allem ohne moralische Bevormundung des Lesers, zu verfahren und dennoch durch die suggestive Präzision seiner Sprache ein Höchstmaß an Anschaulichkeit zu erreichen. Deshalb ist man als Leser auch sofort verführt, die Geschichte sogar für authentisch zu halten, zumal es Parallelen in der Biografie des Autors und seines Erzählers gibt. [...]
Ob die Geschichte so oder ähnlich geschehen ist, bleibt angesichts der literarischen Leistung Schlinks eine drittrangige Frage. Denn die Literatur erfindet sich ihre eigene Wahrheit, und in diesem Buch wird sie zu einem Teil unserer Geschichte.«

> W. F.: Drama eines zerstörten Lebens. In: Focus. 30. September 1995. Nr. 40. S. 155. – Mit Genehmigung von Werner Fuld, Altea la Vieja (Spanien).

MARION LÖHNDORF:

»[...] Die Liebesgeschichte zwischen der NS-Täterin und dem Nachgeborenen, der ihr Sohn sein könnte, liest sich wie eine finster überspitzte Allegorie auf das Verhältnis zwischen Kriegs- und Nachkriegsgeneration in Deutschland. Der Roman fragt nach der Entstehung von Schuld auf der einen und der Grenze von Schuld und Unschuld auf der anderen Seite. [...]

Eine schnörkellose Erzählweise und die Ich-Perspektive, die eine in ihrer Rückhaltlosigkeit intime, drängende, keinen Abgründen ausweichende Introspektion zulässt, vermitteln die Dringlichkeit seiner Fragen: Die Fragen bilden den Kern seines Buches, treiben es voran, machen sein Wesen aus. Dabei findet er weder eine Lösung noch Erlösung.

Vor den Versuch, der eigenen und der Vergangenheit seiner Geliebten innezuwerden, schiebt sich die Lückenhaftigkeit der Erinnerung. [...] Die Erinnerung enthält die Möglichkeit, die Geschichte niederzuschreiben und sich auf diese Weise von ihr zu befreien. Dies zu tun stellt den einzigen denkbaren Ansatz eines Ausweges dar, die Möglichkeit, sich dem Thema Nationalsozialismus zu nähern: sich erinnern, darüber schreiben, darüber sprechen. Der Roman selbst tut es auf eine beeindruckende, nachhaltige Weise.«

M. L.: Die Banalität des Bösen. In: Neue Zürcher Zeitung. 28./29. Oktober 1995. – Mit Genehmigung von Marion Löhndorf, Zürich.

PETER MOSLER:

»*Der Vorleser* von Bernhard Schlink ist die Entdeckung der Grauzonen. Er verschränkt die ›Vergangenheitsbewältigung‹ des Dritten Reiches mit jener der Studentenrevolte [...].

Die Studenten klagten in der Revolte ihre Väter an, zu einer Zeit, als, nach Mitscherlich, ein Ritterkreuzträger mehr galt als ein Emigrant. Diese Anklage war ebenso notwenig wie unzulänglich. Sie markierte die Geburtsstunde der Republik: Soziologisch wird die Revolte gerne mit dem griffigen Wort ›Modernisierungsprozeß‹ bezeichnet. Heute mußte ein Roman geschrieben werden, der das Verhältnis von der Schuld der Zeitgenossen Hitlers und der Scham der Nachgeborenen in der Studentenbewegung aufklärt.«

P. M: Ein Generationen-Vorfall. In: Frankfurter Rundschau. 6. Januar 1996.

MICHAEL STOLLEIS:

»[...] dieser Text ist kein mehrstimmig angelegter Roman, eher ein Monolog der Erinnerung, ein persönliches und politisches Grübel- und vielleicht sogar Bekenntnisbuch, geschrieben aus dreißig Jahren Abstand. [...] ein idealistischer Entwicklungsroman, ein Prozeß der Bewußtwerdung und Reifung, ein Akzeptieren der Schuld durch den eigenen Tod?

Diese unlösbaren Fragen werden in der Schwebe gehalten. Ihr Gewicht wird nur erträglich durch Schlinks einfühlsame und transparente Sprache. Auch in den Andeutungen der Details ist sie von oft erstaunlicher Präzision. Der über sich und seinen Werdegang, über die Abgründe von Strafprozessen, über Schuld und Schuldgefühle kritisch und selbstkritisch reflektierende Jurist überdeckt gelegentlich den genuinen Schriftsteller, der hier ans Licht kommt. Und doch ist diese ›traurige Geschichte‹ am Ende eine runde Geschichte geworden. Nach drei spannenden Kriminalromanen [...] ist dies nun Schlinks persönlichstes Buch.«

M. St.: Die Schaffnerin. In: Frankfurter Allgemeine Zeitung. 9. September 1995. – Mit Genehmigung von Michael Stolleis, Frankfurt am Main.

Auch RAINER MORITZ lobt den Roman mit gewissen Einschränkungen:

»Bernhard Schlinks Erzählkunst besteht darin, fern aller Political Correctness zwei ineinander verschränkte Biographien mit schnörkelloser, unerbittlicher Wahrhaftigkeit nachzuzeichnen. [...] Es sind die einfachen Sätze dieses Romans, die ein kaum erträgliches Maß an Erschütterung in sich bergen. Schlink reiht sie aneinander, ohne jedes Auftrumpfen, gibt ihnen eine Resonanzkraft, wie sie allein große Literatur besitzt.
[...]
Der Vorleser ist ein Roman von bestechender Aufrichtigkeit. Er fegt die bequemen Ausflüchte all derer hinfort, die einem ›Aufarbeiten der Vergangenheit‹ eilfertig das Wort reden. [...] Dass es Dinge gibt, die keinen Anspruch auf Freispruch und Versöhnung haben, davon erzählt Bernhard Schlink, leise und klug. Selbst die therapeutische Kraft der Niederschrift hilft nicht: Die Geschichte zu schreiben, ›um sie loszuwerden‹, gelingt nicht.
Sicher, man wird gegen diese Prosa das eine oder andere einwenden können. Mitunter gerät das Räsonnement eine Spur zu eindeutig. [...], und mitunter fährt der Jurist Schlink dem gleichnamigen Schriftsteller ein bisschen heftig in die Parade [...]. Das alles sind läppische Kleinigkeiten, wenn man dagegenhält, was sich hier auf gerade einmal zweihundert Seiten zusammenfügt. Es lässt sich nicht anders sagen: Was für ein Glück, dass dieses Buch geschrieben wurde!«

R. M.: Die Liebe zur Aufseherin. In: Die Weltwoche. Zürich. 23. November 1995. – Mit Genehmigung von Rainer Moritz, Hamburg.

Uwe Wandrey fragt sich, ob die eigentliche Hauptfigur, Hanna, nicht den Ich-Erzähler »erschlägt«:

»Dem Juristen und Krimiautor Bernhard Schlink geht es in *Der Vorleser* nicht um das detektivische Aufspüren von Tätern und Motiven. Es geht ihm vielmehr um Verstehen und Erinnern. Er führt jene vor, die durch Unterlassen, Schweigen und Vergessen schuldig werden. Die sich durch Zerreden, Dozieren, Anklagen und Verhören aus Scham und Trauer stehlen. Fazit: Verurteilen und Verstehen gehen nicht zusammen.
[...]
Schlink verzichtet auf Bilder und Metaphern. Das Unfaßbare verbietet den Vergleich. Mit kurzen Sätzen, in sprachlicher Selbstbescheidung, nüchtern und doch nicht ohne Poesie formuliert der Autor ein schonungsloses Gefühlsprotokoll, ein analytisches Selbstgericht, die aufrührende Geschichte einer Liebe.
Doch ein Unbehagen bleibt. Der Titelheld und Ich-Erzähler wird von der eigentlichen Hauptfigur des Buches ›erschlagen‹. Sympathy for the devil? ›Die Analphabetin‹ wäre ein passenderer Titel – wenngleich ein gefährlicher. Analphabetismus führt nicht unmittelbar zum Verbrechen. Sowenig, wie Belesenheit Verbrechen verhindert.«

U. W.: Frau mit Peitsche. In: Das Sonntagsblatt.
15. Dezember 1995. – Mit Genehmigung von Uwe
Wandrey, Hamburg.

Claus-Ulrich Bielefeld empfindet Schlinks Erzählweise als betulich und selbstgewiss, er wirft ihm Mangel an Reflexion und von jeglichem Selbstzweifel freien Sprachoptimismus vor:

»Eine zartbittere Liebesgeschichte also, die jedoch seltsam starr und mit geradezu buchhalterischer Attitüde erzählt wird. [...]

Betulich und umständlich breitet er die Geschichte vor uns aus, penibel pinselt er Fünfziger-Jahre-Kolorit, und auch mit seinen Kommentaren (›manchmal denke ich‹) hält er nicht hinter dem Berg. Hier gibt es weder Schrekken noch Angst, weder Tabus noch Tabuverletzungen. Mit enervierender Selbstgewißheit, ohne je zu stocken, wird über alles hinweggezählt. Nichts spüren wir von der angeblich fortwirkenden Liebe des Ich-Erzählers, die ihm andere Beziehungen unmöglich macht. Dürftig sind die Reflexionen, die über ›das Schicksal meiner Generation‹ angestellt werden; sie zeugen zudem von erstaunlicher Selbstgerechtigkeit. Schwer erträglich sind die Schilderungen der Träume, in denen der Ich-Erzähler die Frau ›mit hartem Gesicht, schwarzer Uniform und Reitpeitsche‹ sieht, dann an die Frau denkt, ›die mich liebt‹, und schließlich schlechten Gewissens zugesteht, ›daß die phantasierten Bilder armselige Klischees waren‹.
Bernhard Schlink schreibt diese Klischees aber nieder, ohne sie zu brechen. Er ist Sprachoptimist, dem Selbstzweifel fremd sind, der nie befürchtet, daß ›das Wort versagt‹. So muß er scheitern.«

C.-U. B.: Die Analphabetin. In: Süddeutsche Zeitung 4./5. November 1995. – Mit Genehmigung von Claus-Ulrich Bielefeld, Berlin.

2. England/USA

Zwei exemplarische Rezensionen zeigen die positive und reflektierte Aufnahme des Romans in New York und London. RICHARD BERNSTEIN (»Einmal liebevoll, ein anderes Mal grausam – was ist ihr Geheimnis?«, in: *The New York Times*, 20. August 1997 [Übers. ins Dt. von Hans Jokl]) meint, Schlink erzähle seine Geschichte in »wunderbarer Direktheit und Schlichtheit«, sein Stil sei »bar jeglicher der gewohnten Kinkerlitzchen der Dramati-

sierung«. Man spüre, wie wirklichkeitsgesättigt die ge-
schilderten Erfahrungen seien, auch wenn er sie, wie
Schlink selbst sagt, durch fiktive »Aktions- und Gedan-
kenstränge« angereichert habe. Hanna könne gewisserma-
ßen als »Repräsentantin des deutschen Dilemmas zwischen Erinnerung und Buße« gesehen werden. Schlinks
Geschichte als »nationale Allegorie« zu interpretieren sei
jedoch falsch, vielmehr sei sie ein Lehrstück über das »Geheimnis individueller Lebenswege« und die Unmöglich-
keit, als moralisch-reflektierendes Individuum »frei von
den Verstrickungen der Geschichte und der tragischen
Vergangenheit zu leben«. Auch PHILIP KERR (»Lobpreis
älterer Frauen – *Der Vorleser* von Bernhard Schlink«, in:
The Sunday Times, London, 23. November 1997 [Übers.
ins Dt. von Hans Jokl]) lobt Aufbau und die bestechende
stilistische Kargheit des Romans, insbesondere aber sei die
Behandlung der Schuld-Thematik hervorzuheben. Kerr
zitiert in diesem Zusammenhang Primo Levi, der auf die
Frage, wie der fanatische Judenhass der Nazis zu erklären
sei, formulierte, man könne, ja dürfe sogar nicht verstehen, was passiert sei, »denn ein Verstehen kommt fast einem Rechtfertigen gleich«. Ein menschliches Verhalten zu
verstehen heißt, sich mit dem Urheber zu identifizieren,
sich an dessen Stelle zu setzen – welcher normale Mensch
aber, so Levi, kann sich mit Hitler, Himmler, Goebbels
oder Eichmann identifizieren? Bleibt deren Sprache und
Tun nicht unfassbar für uns? Bleibt der Hass der Nazis
nicht außerhalb des Menschlichen, außerhalb unseres Ver-
stehens? Kerr lehnt dies kategorisch ab. Obwohl er es ver-
ständlich finde, dass ein deutscher Romancier wie Schlink
der Meinung ist, ein Verständnis, wie Levi es beschreibt,
sei tabu, habe er »einen solchen Standpunkt bei Autoren
jeder anderen Nationalität immer schon für merkwürdig
erachtet«. Das Wesentliche am Holocaust sei gerade, dass
Millionen »normaler Menschen« sich mit Hitler u. a. iden-
tifiziert hätten. Zu behaupten, man sollte nicht versuchen

zu verstehen, was passiert ist, »würde nicht nur implizieren, dass die Vorstellungskraft ihre Grenzen hat«, sondern auch, dass es »angemessene Dinge gibt, über die ein Autor schreiben darf oder nicht«. In allen Menschen lägen diese »schrecklichen Möglichkeiten« – sich dieser Tatsache zu stellen sei der einzige Weg, um zu verhindern, dass sie passierten. Es sei daher unglückselig, dass sich »deutsche Autoren wie Schlink außerstande sehen, eine solche Herausforderung zu einem wirklichen Verstehen im Fiktiven anzunehmen, denn sie wären am besten in der Lage, eine solche Herausforderung zu schultern«. Bis es so weit sei, und Kerr glaubt daran, dass es geschehen wird, empfiehlt er die Lektüre dieses »exzellenten Romans«.

3. Frankreich/Israel

Auch in Frankreich findet *Der Vorleser* ein starkes, positives Echo. FRÉDÉRIC VITOUX betitelt seine Rezension im *Nouvel Observateur* (28. November 1996 [Übers. ins Dt. von Joachim Horn]) »Le diable nazi au corps«, »Der Naziteufel im Leib«, und spielt damit auf den Roman *Le Diable au corps* (postum 1923; dt. *Den Teufel im Leib*, 1925) von Raymond Radiguet an. Er erzählt die leidenschaftliche Liebe zwischen einem 16-jährigen Gymnasiasten und einer älteren Frau zur Zeit des Ersten Weltkriegs. Die Verfilmung (1947) von Claude Autant-Lara machte den Roman in Frankreich berühmt. Vitoux verweist auf die Parallelen zu Schlinks *Vorleser*; der Leser möge sich einen Text vorstellen, »der wie *Teufel im Leib* beginnt und wie *Lacombe Lucien* aufhört«. Genau das Unbehagen, das die Lektüre einflößt, sei Schlinks Thema. Vitoux erinnert an die verlegenen Reaktionen, die der Film *Lacombe Lucien* (1973) von Louis Malle, nach dem Drehbuch von Patrick Modiano, hervorgerufen habe. Er behandelt die Geschichte eines einfältigen französischen Bauernsohnes, der

1944 als Spitzel der Gestapo schuldhaft-unschuldig Kollaborateur wird. Als er die Konsequenzen seines Tuns erkennt und mit einem jüdischen Mädchen nach Spanien fliehen will, wird er Opfer eines Racheaktes der Résistance. Doch wo fängt das Erklären an, und wo endet die Nachsicht?, fragt der Rezensent. Im Grunde sei die Hanna in Schlinks Buch recht sympathisch. Doch könne man ebenso überzeugend antworten, dass »der absolute Horror des Holocausts dadurch noch unerträglicher erscheint, dass er nicht von Monstern ausgeführt wurde, sondern von eifrigen Beamten, braven Alltagsdeutschen«. Schlink habe die Gefahr gespürt und eine Verschiebung von der Person Hannas auf die des jungen Erzählers vorgenommen. »Wie kann man mit dem Verbrechen seiner Väter leben«, mit der eigenen »deutschen Schuld« und »dieser Kollektivscham, von der man wohl seinen Teil tragen muss«? Wichtig sei es nicht, meint Vitoux, »das Unversöhnliche zu versöhnen, sondern die Zerrissenheit zu leben«. Zahlreiche weitere Pressestimmen [im Folgenden alle Übers. ins Dt. von Joachim Horn] reagieren auf den *Vorleser*: »In einem wunderbaren Buch«, so ist am 11. Oktober 1996 in *Le Monde* zu lesen, stelle sich Bernhard Schlink »Fragen über das Schicksal einer Generation im Räderwerk von Liebe und Schuldgefühl«. Die Stärke des Buchs sei, dass Schlink keiner der Fragen ausweicht, »die aus dem Zusammenprall von Vergangenheit und Gegenwart, Liebe und Verachtung, Wunsch zu verstehen und Bedürfnis zu verurteilen entstehen«.

Télérama (11. Dezember 1996, Nr. 248) meint, der »Purist« Schlink glaube sich »von seinem Leiden zu befreien«, indem er sich seinem *Vorleser* »mit vollkommener Liebe hingibt«, doch habe er »den Schmerz nur heftiger gemacht«. Er weigere sich, so fährt der Rezensent fort, zu vergessen und könne sich nicht durchringen, Hanna zu verlassen. Hanna sei »seine Liebe, sein Verrat, sein Deutschland«.

Marie Claire (Dezember 1996, Nr. 532) stellt fest, das »Dilemma einer ganzen Generation von Deutschen« sei in der Frage begründet, wie man leben könne, wenn »diejenigen, die man am meisten liebt, Verbrecher sind oder Verbrechen haben geschehen lassen«. Dieses tragische Schicksal, dessen Ende einen tief bewege, so *Magazine littéraire* (März 1997) über den *Vorleser*, mache »schmerzlich bewusst, dass es immer noch nicht leicht ist, ein Deutscher zu sein«. Und *Libération* (10. Oktober 1996) meint, dieser Roman, der »über das Schuldgefühl« handele und »auf einem Geheimnis aufgebaut« sei, werfe die Frage auf, ob man »Komplize der Verbrechen seiner Eltern« wird, »wenn man sie liebt«.

Marie France (Dezember 1996) lobt den Roman als »großartig und erschütternd«. Er sei »überhaupt nicht theoretisch, sondern die chronologische Erzählung einer ersten Liebe, einer Scham, die einen lebenslang ins Gefängnis bringt«, er sei »das Porträt der Deutschen von heute« – »Leute wie wir«. Auch *Décision* (2000, Nr. 49) lobt Form und Inhalt des Vorlesers: Schlink habe ein sehr schönes Buch mit »großem technischen Geschick« und in »einer großen und schönen lyrischen Nüchternheit« geschrieben, um »die unvermeidbaren Gefühle zu beschreiben, die ihn bedrängen und die Mehrheit der Deutschen betreffen«. Der Roman sei der Jugend von heute als Bettlektüre zu empfehlen, damit sie niemals vergesse.

Während die französischen Rezensenten besonders die Schuldprobleme des gegenwärtigen Deutschland beachten, zeigen die Reaktionen in Israel eine besondere Sensibilität in Bezug auf die Darstellung der vermeintlichen oder tatsächlichen Opfer im *Vorleser*. Exemplarisch ist hier die Besprechung des israelischen Historikers OMER BARTOV (»Deutschland als Opfer«, in: *Ha'aretz*, 28. April 1999 [Übers. ins Dt. von Mirjam Pressler]), der schreibt, das Buch stelle »die umstrittenen Auswirkungen eines vernichtenden historischen Erbes auf die persönliche und kollektive Identität« dar. Bartov bemerkt, dass Schlinks Leben in vielem mit dem Michaels übereinstimme. Der Roman sei »einzigartig« und könne »nicht eindeutig interpretiert« werden; neben Elementen »einer schmerzlichen Konfrontation mit der Vergangenheit« stünden »apologetische Argumente«: Der Leser würde im Unklaren gelassen, ob Michael die Meinung Schlinks darstelle oder ob die Figur für den Autor »eine extreme Verkörperung der Verzerrung« sei, die »die Söhne der ›Zweiten Generation‹ durch das Verbrechen ihrer Eltern erleiden«. *Der Vorleser* handele von Deutschland als Opfer, es sei seiner Geschichte zum Opfer gefallen: Der Völkermord sei so massiv und gründlich gewesen, »dass die Täter zu Opfern werden und die Kinder der Täter weiterhin Opfer sind«. Dies sei ein »deutsches Schicksal«. Im Buch leide Michael und versuche, das Leiden der Opfer, die Hanna gequält hat, nachzuvollziehen. Deren Leiden sei aber nur von Bedeutung, wenn es mit seinem eigenen in Zusammenhang gebracht werden kann: Michael sei »das einzige Opfer, mit dem er sich identifizieren kann«.

III. Daten der Wirkungs- und Erfolgsgeschichte

1995 Roman *Der Vorleser,* Zürich: Diogenes, 1997. – Taschenbuchausg. ebd. (detebe 22953); »Stern des Jahres« für Literatur der Münchner *Abendzeitung* für den *Vorleser*

1996 Hörfassung des Romans *Der Vorleser* durch den bekannten Rezitator Gert Westphal (Januar), frz. Ausg.: *Le liseur,* übers. von Bernard Lortholary, Paris: Gallimard

1997 Gastprofessur an der Yeshiva University New York; engl. Ausg. des Romans *Der Vorleser: The Reader,* übers. von Carol Brown Janeway, New York: Pantheon Books; Premio Grinzane Cavour (Italien) für den *Vorleser* in der Sparte »ausländische Literatur«; Prix Laure Bataillon (bestdotierter französischer Preis für übersetzte Literatur) für *Der Vorleser* (Auszeichnung für den Autor sowie für den Übersetzer Bernard Lortholary); Hans-Fallada-Preis der Stadt Neumünster für *Der Vorleser* (verliehen am 16. Januar 1998, dotiert mit 10 000 DM); französische Ausgabe des Romans auf dem 3. Platz der bestverkauften ausländischen Titel des ersten Halbjahres (Sommerausgabe des Literaturmagazins *Lire*)

1998 Uraufführung eines Zwei-Personen-Stückes (auf der Grundlage des Romans *Der Vorleser* von Georg Immelmann verfasst) unter der Regie von Mirjam Neidhart im Rahmen der Bad Gandersheimer Domfestspiele (4. Juli)

1999 Auftritt als erster deutscher Schriftsteller in der US-amerikanischen TV-Show »Oprah's Book Club« von Oprah Winfrey (die über 40 Millionen Zuschauer erreicht) am 30. März, nachdem *Der Vorleser* als Buch des Monats März ausgewählt wurde; *The Reader* (Tb.-Ausg. 1998) auf Platz eins der US-

Bestsellerlisten (*New York Times, Publishers Weekly,* Amazon); Verkauf der Filmrechte für *Der Vorleser* an die Hollywood-Traumfabrik Miramax (Regie: Anthony Minghella), Verfilmung für 2005 geplant; Uraufführung einer Bühnenfassung des Romans (durch den Dramatiker Chris Dolan) bei den Edinburgher Festspielen durch die schottische Theatergruppe Borderline; *Der Vorleser* auf der britischen Jahresbestsellerliste für Belletristik (Platz 71) – und damit erster deutscher Roman, der auf dieser Liste erscheint

2000 US-amerikanische Gesamtauflage von *The Reader* im Januar: 1,8 Millionen Exemplare; Evangelischer Buchpreis des Deutschen Verbandes der Evangelischen Büchereien für *Der Vorleser* (überreicht am 5. Juni in der Volkshochschule in Reutlingen, dotiert mit 5000 DM); Sonderkulturpreis der japanischen Tageszeitung *Mainichi Shibun,* der jedes Jahr an einen japanischen Buchbestseller vergeben wird

2002 Leserbriefe mit kritischen Anmerkungen zum Roman *Der Vorleser* im *Times Literary Supplement* (März) von Raphael Frederic und Jeremy Adler eröffnen eine Literaturdebatte in den Feuilletons deutschsprachiger Zeitungen (*Süddeutsche Zeitung, Frankfurter Allgemeine Zeitung, Die Welt, Neue Zürcher Zeitung, Der Spiegel*) über den *Vorleser* bis Mai; Übersetzungen des Romans bisher in 34 Sprachen; Aktionswochen (»Eine Stadt liest ein Buch«) der deutschen Städte Bad Hersfeld und Potsdam zum Roman *Der Vorleser* (September)

IV. Dokumente zur literaturwissenschaftlichen Rezeption

Die deutsche Literaturwissenschaft hat sich in den bisher zehn Jahren nach Erscheinen des Romans sehr sporadisch und knapp mit dem *Vorleser* beschäftigt. Es liegen nur einige wenige Aufsätze oder kurze Passagen in Büchern dazu vor; eigene Monographien sind selten. Etwas mehr wissenschaftliche Aufmerksamkeit brachte man dem Roman an den englischen und US-amerikanischen Universitäten entgegen (vergleiche »Literaturhinweise«, Kap. VI.). Der Grundtenor fast aller Texte ist überwiegend kritisch – oder auch nur polemisch. Die Kritik bezieht sich fast immer nur auf die beiden Hauptfiguren – auf die ambivalente Rolle des Ich-Erzählers, den zweifelhaften Realismus-Anspruch, die problematische Funktion des Analphabetismus. Eine genaue und ausführliche Begründung der negativen Lesart fehlt in vielen Fällen. Außer Acht gelassen werden in der Regel sowohl die juristischen und zeitgeschichtlichen Essays Bernhard Schlinks als auch der umfangreiche Diskurs der Historiker und Zeitgeschichtler zur Vergangenheitsschuld der Deutschen seit 1945. Zudem wurden bisher weder die vielfältigen intertextuellen Bezüge des Romans noch Schlinks Kritik an der Praxis der KZ-Prozesse angemessen untersucht. Eine Beseitigung dieser Defizite ist vielleicht in den nächsten Jahren zu erwarten.

1. Ich-Erzähler und Realismusanspruch

Kathrin Schödel schreibt:

»Schlinks Erzähler ist komplex gestaltet. Zum einen weist er in Alter und Beruf eine erkennbare biographische Nähe zum Autor auf, ferner antizipieren seine tastenden und

fragenden Reflexionen häufig die Reaktionen des implizi-
ten Lesers auf das Dargestellte. Dann aber wird immer
wieder deutlich, dass die Erzählerkommentare selbst von
einer zutiefst in die dargestellte Welt verstrickten Figur
stammen, und daher vom Leser Distanz zu diesem zunächst so sympathischen Erzähler verlangen. Die Leser
sind durch diese Konstruktion aufgefordert, mitzubeden-
ken, dass der Ich-Erzähler häufig argumentiert, um seine
frühere Geliebte zu entlasten (vgl. insbesondere 126–129).
Durch die Identifikation mit dem Erzähler entsteht eine
Komplizenschaft mit seinem Ziel Hanna zu entschuldi-
gen, und der Leser muss sich schließlich selbst fragen, wie
gerechtfertigt der Wunsch ist, eine KZ-Wächterin verstehen und bemitleiden zu wollen. Schlinks Roman ›experimentiert‹ somit doch mit ›dem Leser‹. Der auktoriale
Ich-Erzähler, der zugleich ›unzuverlässiger Erzähler‹ ist,
erzeugt ästhetische Komplexität.
Mit dem Erzähler, den der Titel als Hauptfigur des Romans ausweist, stellt Schlink den Umgang eines Repräsen-
tanten der ›zweiten Generation‹ mit der Schuld – hier
nicht ›der Väter‹, sondern einer Geliebten aus der ›ersten
Generation‹ dar. Dieser Umgang wird keineswegs ideali-
siert. Michael Berg findet zu keiner Kommunikation mit
Hanna, seine Auseinandersetzung mit ihrer und seiner eigenen Vergangenheit beschränkt sich auf quälende Zweifel
und Fragen, die er nur sich selbst stellt. Der implizite Leser wird damit zum einzigen Adressaten der Reflexionen
des Erzählers über Hannas Schuld und seine eigene Verstrickung darin. Gerade weil der Text beschreibt, wie Gespräche scheitern oder erst gar nicht stattfinden, fordert er
seine Leser dazu auf, über Fragen nachzudenken, die im
Text nicht gestellt werden, und über Antworten, die die
Romanfiguren nicht geben. Während des Prozesses etwa
spricht Michael mit seinem Vater, einem Philosophie-Do-
zenten, der im ›Dritten Reich‹ seine Stelle verloren hatte
(88), doch er erwähnt weder sein Verhältnis zu Hanna und

ihre Täterschaft noch die NS-Zeit überhaupt (134–139). Zwischen Hanna und Michael kommt es nach ihrer Affäre im ersten Teil des Textes nur noch zu einem einzigen Gespräch, und Michaels Unfähigkeit, mit Hanna zu kommunizieren, wird mehrmals thematisiert. Schlink stellt in dem Verhalten des Erzählers demnach keine gelungene ›Aufarbeitung‹ der NS-Vergangenheit dar, sondern wirft Fragen nach Schuldbegriffen und angemessenen Erinnerungsformen auf, ohne vereinfachende Lösungen anzubieten.«

K. Sch.: Jenseits der *political correctness* – NS-Vergangenheit in Bernhard Schlink, *Der Vorleser*, und Martin Walser, *Ein springender Brunnen*. In: Seelenarbeit an Deutschland. Martin Walser in Perspective. Hrsg. von Stuart Parkes und Fritz Wefelmeyer. Amsterdam / New York: Rodopi; 2004. (German Monitor. 60) S. 307–322, hier S. 310f. – Mit Genehmigung von Kathrin Schödel, Nürnberg.

MORITZ BASSLER:

»Daß dieser Inhalt im *Vorleser* unter anderem eine Universalbibliotheks-Phantasie ist, dürfte schon angeklungen sein. Im weiteren Verlauf wird es noch einmal ebenso manifest wie Schlinks eigener, programmatischer Realismus-Anspruch:

So bekam Hanna viel Keller und Fontane zu hören, Heine und Mörike. [...] Insgesamt weisen die Titel [...] ein großes bildungsbürgerliches Urvertrauen aus. Ich erinnere mich auch nicht, mir jemals die Frage gestellt zu haben, ob ich über Kafka, Frisch, Johnson, Bachmann und Lenz hinausgehen und experimentelle Literatur, Literatur, in der ich die Geschichte nicht erkenne und keine der Personen mag, vorlesen sollte. Es verstand sich für mich, daß experimentelle Literatur mit dem Leser experimentiert, und das brauchten weder Hanna noch ich. (175 f.)

Hier hört allerdings das Selbstverständliche auf, und die Probleme beginnen. Erstens wird das realistische Prinzip zwar als etwas behauptet, was sich für normale Menschen von selbst versteht (schnörkellos und unerbittlich: ›Ich erinnere mich auch nicht, mir jemals die Frage gestellt zu haben [...]‹), muß dann aber trotzdem ausführlich und polemisch begründet werden, mit Stoßrichtung gegen die ›experimentelle‹ (nein nicht ›entartete‹) Literatur.

Zweitens kann man die Schlinkschen Autorenkataloge wohl allenfalls nach dem Motto ›Eins von diesen Dingen ist nicht so wie die andern‹ lesen: Der jüdische Autor paßt jeweils schon rein zeitlich überhaupt nicht in die Reihe, Heine nicht in den Bürgerlichen Realismus und Kafka nicht in den kaum weniger bürgerlichen der deutschen Nachkriegsliteratur. Vom Formalen ganz abgesehen: Kafka, gut, Uwe Johnson, Ingeborg Bachmann, na meinetwegen, aber daß man bei Max Frisch und (ich nehme an: Siegfried) Lenz irgendeiner Grenze zur experimentellen Moderne gefährlich nahe käme, wäre mir noch nicht aufgefallen. Und Katalog Nummer drei, der Millenniums-Realismus, besteht bisher überhaupt nur aus einem Namen: ›Als ich selbst zu schreiben begann, las ich ihr auch das vor.‹ (176)

Wo es aber dann drittens kritisch wird, das ist die Begründung der literarischen Vorlieben des Autors im Bedarf seiner historischen Figuren (von denen der Leser/die Leserin ja mindestens eine ›mögen‹ soll): ›das brauchten weder Hanna noch ich‹. ›Keine Experimente‹ für Kriegsverbrecher und Nachkriegsjuristen, oder was genau sollen wir hier lesen und verstehen? Die experimentelle, nichtrealistische Literatur der Avantgarden wird abgelehnt als ›Literatur, in der ich die Geschichte nicht erkenne‹, und man darf darüber mutmaßen, ob die Äquivokation von ›Geschichte‹ an dieser Stelle unterläuft oder intendiert ist. Das Problem eines erzählenden Realismus, wie Schlink ihn propagiert,

läßt sich jedenfalls genau hier verorten: im Verhältnis von
Geschichte als Plot und Historie.«

M. B.: Der deutsche Pop-Roman. Die neuen Archivisten. München: C. H. Beck, 2002. S. 72 f. –
© 2002 Verlag C. H. Beck, München.

2. Täterbild und Analphabetismus-Plot

Sandro Moraldo:

»*Der Vorleser* ist ein Roman über die Lebenslüge der
Hanna Schmitz. Er kann sie zwar von keiner Schuld frei-
sprechen, lässt aber die Angeklagte nicht als die dämoni-
sche Bestie erscheinen, die man sich unter einer NS-Scher-
gin hätte vorstellen können. In Michael Bergs Beschreibung trägt Hanna durchaus menschliche Züge, was die
Komplexität und Problematik der Auseinandersetzung
mit Kriegsverbrechern sinnfällig macht. Laut Schlink verhindert gerade das Monströse eine wirkliche Konfrontation mit dem Nationalsozialismus, da man sich in sicherer
Distanz wähnt und das Problem einfach zu lösen glaubt,
indem man alles über einen Kamm schert: ›Mit Monstern
haben wir nichts gemein, man kann sie sich vom Leib halten. Gerade dass die Täter keine Monster waren, macht
die Sache so vertrackt.‹ (*Weltwoche*, 27.1.2000) Hinter
Hannas persönlichem Schicksal kommt denn auch jene
›Banalität des Bösen‹ zum Vorschein, von der Hannah
Arendt in ihrem Bericht über Adolf Eichmann in Jerusalem sprach; ein Bericht, der bezeichnenderweise zu den
Lektüren Hanna Schmitz' im Gefängnis zählt. In *Selbs
Betrug* lässt Gerhard Selb die Antwort auf die Frage offen,
ob ›alle Morde begangen werden, um Lebenslügen zu ret-
ten‹. Auch Michael Berg kann sie bezüglich Hanna
Schmitz nicht eindeutig beantworten, und wenn er dem
Richter Hannas ›Lese- und Schreibunfähigkeit‹ nicht of-

fenbart und sie somit ihrem Schicksal überlässt, so ge-
schieht dies nicht etwa aus Ressentiment der Frau gegenüber, die ihn mit ihrer Flucht in seinem Stolz und seiner
pubertären Eitelkeit verletzt hatte. Es ist der Respekt vor
Hannas Entscheidung, ihre Lebenslüge retten zu wollen,
denn – so der selbst in den Nationalsozialismus verstrick-
te Gerhard Selb –: ›heißt Freundschaft nicht, behutsam
mit den Lebenslügen des anderen umgehen?‹ (*Selbs Justiz*). Der Lebenslüge opfert Hanna Schmitz schließlich
ihr ganzes Leben, und wie so vieles im Roman bleibt auch
ihr Selbstmord ohne Antwort. Ob er als Sühne für die be-
gangenen Gräueltaten zu deuten ist, als Schuldbekenntnis
oder verzweifelte Tat aus Enttäuschung darüber, dass ihr
einziger Kontakt zur Außenwelt sie während der 18-jähri-
gen Haftzeit niemals besucht und ihr nie geschrieben hat,
darüber lässt der Autor sowohl den Erzähler Berg als
auch den Leser im Unklaren. Klar ist nur, dass Hanna
Schmitz im Gefängnis ihre Lebenslüge schließlich überwunden, Lesen und Schreiben gelernt und sich Fachlitera-
tur über Konzentrationslager besorgt hat. Die Vermutung
liegt nahe, dass die Lektüre, die als bewusste Auseinandersetzung mit ihrer nationalsozialistischen Vergangenheit
gedeutet werden kann, einen Prozess der Bewusstwer-
dung ihrer verbrecherischen Verstrickung ausgelöst und
sie in den Selbstmord getrieben haben könnte.«

S. M.: Bernhard Schlink. In: Kritisches Lexikon
zur deutschsprachigen Gegenwartsliteratur (KLG).
Hrsg. von Heinz Ludwig Arnold. 70. Nlg. 3/2002. S.
11. – © 1978 ff. edition text + kritik, München.

KATHRIN SCHÖDEL:

»Dennoch ist der Roman als Ganzer der Versuch, der ab-
gelehnten ›moralisierenden‹ Verurteilung der Tätergeneration eine differenziertere Sicht entgegenzusetzen. Daher
stellt sich die Frage, ob Schlinks Figur einer Täterin dazu

geeignet ist, zu dieser neuen angemesseneren Perspektive auf die NS-Zeit beizutragen. Obwohl die oben zitierten Bemerkungen des Erzählers zur Entlastung Hannas relativiert werden müssen, überwiegt letztlich auf der Ebene der Handlung das Bild einer Täterin, die verstanden und bemitleidet werden soll. Dies liegt vor allem daran, dass der Analphabetismus als Grund für Hannas mangelndes moralisches Verantwortungsbewusstsein aufgebaut wird. Im Gefängnis lernt Hanna lesen und lernt dabei auch, ihre Schuld zu konfrontieren: Sie liest Bücher über Konzentrationslager und Autobiographien von Überlebenden (193). Michaels Einschätzung

> Analphabetismus ist Unmündigkeit. Indem Hanna den Mut gehabt hatte, lesen und schreiben zu lernen, hatte sie den Schritt aus der Unmündigkeit zur Mündigkeit getan, einen aufklärerischen Schritt (178)

wird so bestätigt. Damit aber ist Hanna während des ›Dritten Reiches‹ Opfer ihrer eigenen ›Unmündigkeit‹ – doch die ist nicht ›selbstverschuldet‹. Die zentrale Rolle von Hannas Analphabetismus als Movens ihres Handelns, wird auch durch die analytische Struktur des Romans unterstützt: Hannas Lese- und Schreibunfähigkeit, die Michael erst während des Prozesses entdeckt, ist der Schlüssel zu allen rätselhaften Stellen im ersten Teil des Textes, nicht etwa ihre nationalsozialistische Vergangenheit. Vor allem in der Schilderung des Prozesses steht die Darstellung von Hanna als Opfer im Vordergrund. Ihr verzweifelter Wunsch, ihren Analphabetismus zu verbergen, führt dazu, dass sie zu Unrecht härter verurteilt wird als die anderen Angeklagten. Neben der Entdeckung von Hannas Defizit durch Michael und seinen Sorgen darüber, ob er es dem Gericht offenbaren soll, tritt die Frage nach Hannas Taten im KZ ebenso zurück wie die nach den Gründen für ihre Blindheit gegenüber menschlichem Leid und den moralischen Dimensionen ihres eigenen Handelns. Der Analphabetismus wird zum banalen Ersatz für die komplexe Frage nach den Ursachen für die massenhafte Unterstützung des NS-Regimes und die verbreitete Mitwirkung am nationalsozialistischen Terror. Schlinks Text lädt nicht dazu ein, zu hinterfragen, ob Hanna eine typische oder auch nur wahrscheinliche Täterfigur ist. Das historisch unglaubwürdige Konstrukt einer Analphabetin bei der SS, die sich später zu ihrer Schuld bekennt und deshalb Selbstmord begeht, wird vielmehr zu einer paradigmatischen und – weil nicht eindeutig verurteilenden – besonders authentischen Tätergeschichte stilisiert.

Die ambivalent gestaltete Erzählerfigur verhindert nicht, dass Schlinks Roman nach einer Ästhetik der Einfühlung funktioniert, die nicht dazu benutzt wird, eine erschreckende Nähe zu den Tätern zu erzeugen. Trotz des expliziten Bezugs auf Hannah Arendts *Bericht von Eichmann in Jerusalem* – Hanna (!) liest ihn im Gefängnis – stellt sich keine Erkenntnis der ›Banalität‹, sondern vielmehr eine ›Banalisierung des Bösen‹ ein. Es entsteht, wie Schlinks Erzähler am Ende formuliert, eine ›Geschichte‹, die ›rund, geschlossen und gerichtet‹ (206) ist. Die Geschichte von einer deutschen Täterin – mit einem typisch jüdischen Vornamen – als Opfer.«

K. Sch.: Jenseits der *political correctness* – NS-Vergangenheit in Bernhard Schlink, *Der Vorleser*, und Martin Walser, *Ein springender Brunnen*. In: Seelenarbeit an Deutschland. Martin Walser in Perspective. Hrsg. von Stuart Parkes und Fritz Wefelmeyer. Amsterdam / New York: Rodopi, 2004. (German Monitor. 60) S. 307–322, hier S. 313 f. – Mit Genehmigung von Kathrin Schödel, Nürnberg.

MORITZ BASSLER:

»Im Plot liegt, so die allgemeine Meinung, die Stärke des Buches, und Knotenpunkt des Plots ist, wie gesagt, der Analphabetismus Hannas. Er läßt im ersten Teil Erotik

und Literatur zueinanderkommen und motiviert auch im
weiteren die Verbindung des ungleichen Heldenpaares, erfüllt also eine zentrale Funktion in der Komposition der
Handlung. Zugleich ist er jedoch Attribut der Protagonistin und erfüllt hier eine weitere, nicht weniger wichtige
Funktion: Der kleine, unverschuldete Defekt (*warum*
Hanna nicht lesen kann, wird nicht begründet) bringt uns
die Hauptfigur näher, läßt sie uns ›mögen‹. Er läßt uns –
einmal gewonnen – ihre Tätigkeit als KZ-Aufseherin beinah akzeptieren (›*Deswegen* hatte sie sich der Beförderung
bei Siemens entzogen und war Aufseherin geworden‹, 127,
Hervorhebung M. B.); daß sie sich von ihren Opfern noch
vorlesen läßt, wirkt jetzt beinah schon sympathisch. (Um
es an den Namen festzumachen: Die Täterin hat nicht zufällig einen Vornamen mit jüdischem Klang, und ihr Nach-
name, Schmitz, verhält sich zu dem ihres Autors nach dem
klassischen Muster Samsa/Kafka.) In der Gerichtsverhand-
lung erfüllt sich diese Tendenz schließlich darin, daß Hanna durch ihren Analphabetismus selbst zum Opfer (der
Justiz) wird: Die Anschuldigung (erhoben von einer schon
physiognomisch disqualifizierten Mitangeklagten), sie
habe den offiziellen Bericht zum Kirchenbrand-Vorfall geschrieben (121), ist offensichtlich falsch. Aber nur Ich-Erzähler und Leser merken das und werden damit unter der
Hand zur verschworenen Gemeinschaft der Wissenden gegen die fehlgeleitete öffentliche Geschichtsauffassung.
Zweifellos: Plotting und Sympathiesteuerung funktionie-
ren hier. Problematisch wird es erst auf den zweiten Blick,
der die geschichtlichen Implikationen in die gut erzählte
Story hereinholt. Die amtliche bundesrepublikanische Re-
konstruktion der erzählten (fiktiven) Geschichte erweist
sich als falsch – sollen wir das etwa verallgemeinern? Ne-
benbei ist schon die drastische Fiktion der erzählten Untat
von durchaus fragwürdigem Charakter: der dramatische
Kirchenbrand (ausgelöst durch alliierte Bomber!), den nur
zwei Jüdinnen (noch dazu ›aus den falschen Gründen‹,

118) überleben – das spielt nicht mit B-Movie-Klischees, es unterliegt ihnen. Man fragt sich: Wäre es für die Darstellung von NS-Verbrechen nicht angebracht, auf den reichen Fundus des historisch Verbürgten zurückzugreifen, anstatt sich solche wilden Szenarien auszudenken? Ein Vorbild könnten z. B. die pseudo-dokumentarischen, dabei aber recherchierten Passagen in Josef Haslingers *Das Vaterspiel* (Roman, Frankfurt a. M.: S. Fischer, 2000) sein. Weiter: Der Analphabetismus, die mangelnde Aufklärung war schuld an Hannas Taten – ich nehme an, daß Schlink auch dies nicht direkt als Allegorie auf das deutsche Volk gemünzt wissen will, aber die Verallgemeinerung stellt sich automatisch ein; was bliebe ohne sie schließlich von dem historischen Anspruch, aus dem das ganze Unternehmen doch lebt? Diese Lesart wird auch bestätigt durch die erfolgreich nachgeholte Aufklärung Hannas im Gefängnis (›Indem Hanna den Mut gehabt hatte, lesen und schreiben zu lernen, hatte sie den Schritt aus der Unmündigkeit in die Mündigkeit getan, einen aufklärerischen Schritt‹, 178) und bekommt eine delikate Pointe in der Erbschaft, die sie ihrem letzten überlebenden Opfer hinterläßt.«

M. B.: Der deutsche Pop-Roman. Die neuen Archivisten. München: C. H. Beck, 2002. S. 73 f. – © 2002 Verlag C. H. Beck, München.

ERNESTINE SCHLANT:

»Schlink scheint sagen zu wollen, daß Hannas Kriminalität und generelle Brutalität mit ihrem Analphabetismus Hand in Hand gingen und daß Hanna, sobald sie lesen konnte, auch moralisch wach wurde und mehr über den Holocaust wissen wollte. Dieses Argument ist jedoch nicht viel wert. Analphabetismus kann nicht als Erklärung für das Begehen von Verbrechen dienen. Was für ein Mensch ist Hanna, wenn ihr das Verheimlichen ihres Analphabetismus wichtiger ist als das Retten von Menschenleben und sie es genießen kann, sich von todgeweihten Opfern vorlesen zu lassen? Wenn aber ihr Analphabetismus nicht die Erklärung – und Entschuldigung – von Hannas Taten ist, fragt sich, welche Funktion er in dem Roman hat. Soll damit gar suggeriert werden, daß man irgendwie ›behindert‹ sein mußte, um bei den Verbrechen Handlanger zu sein? Gerade dort, wo Schlink besonders starke Argumente in bezug auf die nationalsozialistischen Verbrechen und ihre Täter bringen müßte, ist der Roman am schwächsten.«

E. Schl.: Die Sprache des Schweigens. Die deutsche Literatur und der Holocaust. Dt. von Holger Fliessbach. München: C. H. Beck, 2001. S. 264 f. – © 2001 Verlag C. H. Beck, München.

MANFRED DURZAK:

»Von daher erscheint mir das Bild der NS-Täterin, das Schlink in seinem Roman entwirft, höchst problematisch zu sein und im übrigen auch – wenn vielleicht auch unfreiwillig – zu bequemen Exkulpierungen der historischen Schuldzusammenhänge einzuladen. Das läse sich, auf die Hanna Schmitz seines Romans bezogen, etwa so: eine im Grunde unbedarfte, ungebildete Frau, die bei ihrem permanenten Bemühen, ihr soziales Stigma, ihre ›Lebenslüge‹, zu verschleiern, gegen ihren Willen in einen politischen Schuldzusammenhang hineingerät und, gleichsam nur passiv handelnd, lediglich im begrenzten Umfang schuldig ist. Soll man das als literarisches Erklärungsmodell verallgemeinernd auf die Geschichte der NS-Täter beziehen? Schlink fällt damit weit hinter die Aufklärungsposition der Texte zurück, die das Holocaust-Thema schon lange vorher behandelt haben.«

M. D.: Opfer und Täter im Nationalsozialismus. Bernhard Schlinks *Der Vorleser* und Stefan Hermlins *Die Kommandeuse*. In: Literatur für Leser. H. 4 (2000) S. 212. – Mit Genehmigung von Manfred Durzak, Grebin.

V. Dokumente zur Feuilleton-Debatte über den *Vorleser* vom Frühjahr 2002

Sieben Jahre nach Erscheinen des Romans ist eine polemisch geführte Debatte über den *Vorleser* entbrannt. Der Anlass dazu waren einige kritische Äußerungen von britischen Schriftstellern und Literaturwissenschaftlern in Leserbriefen über den Bestseller, als Schlinks Erzählband *Liebesfluchten* in England auf den Büchermarkt kam. Im Zentrum der Debatte steht Jeremy Adlers Polemik »Die Kunst, Mitleid mit den Mördern zu erzwingen«, der viele Kritikpunkte an Schlinks *Vorleser* bündelt.
Die ausgewählten Dokumente beschränken sich auf Adlers Schlüsseltext und einige Reaktionen darauf (Auszüge).

Jeremy Adler:

»Als Bernhard Schlinks *Der Vorleser* im Herbst 1997 in englischer Sprache erschien, erhielt der Roman auf beiden Seiten des Atlantik zunächst positive Kritiken. Denn hierzulande ist es üblich, über Debüts wohlwollend zu urteilen. Dieses Entgegenkommen wird oft auch unbekannten Autoren aus dem Ausland entgegengebracht. Wenn dem *Vorleser* erst heute, initiiert von Frederic Raphael, eine ernsthafte Debatte im *Times Literary Supplement* gewidmet wird, dann auch, weil das Buch in der Zwischenzeit ein internationaler Bestseller und sogar zur Pflichtlektüre in Schulen geworden ist. Der britische Schriftsteller und Literaturwissenschaftler Gabriel Josipovici meint daher zu Recht, der Kritiker habe heute zu fragen: Warum ist dieses Buch so erfolgreich?
Es gibt wenige Romane, die man Bernhard Schlinks *Der Vorleser* an die Seite stellen könnte: Im Umgang mit Klischees, mit seiner Mischung von Halbwahrheiten und Verdrehungen steht er allein, und das umso deutlicher, als

von empfindlichen Dingen die Rede ist. Sowohl der ›plot‹ im ersten Teil des Romans als auch dessen Voraussetzung, die sexuelle Begegnung mit der ehemaligen SS-Wärterin eines Konzentrationslagers für Frauen, scheinen geradewegs einem erotischen Roman der fünfziger Jahre entnommen zu sein. Ein literarischer Vorläufer ist Erich Frieds Roman *Ein Soldat und ein Mädchen* (1960). Schlinks Leitmotiv, das Vergnügen der ungebildeten Wärterin, Meisterwerke der Dichtung vorgelesen zu bekommen, verkörpert auf groteske Weise die Frage, wie es möglich gewesen sei, dass eine Kultur, die Goethe und Schiller hervorgebracht habe, der Barbarei verfallen sei.

Die geläuterte Mörderin

In der ersten Hälfte des Buches, solange die ehemalige Wärterin den deutschen Klassikern lauscht, wird eine Verbindung zwischen ›Kultur‹ und ›Barbarei‹ suggeriert, in Gestalt einer ungewollten Persiflage auf die *Dialektik der Aufklärung* von Horkheimer und Adorno. Später, im Gefängnis, hört sie moderne Literatur einschließlich Kafka und lernt selbst lesen, vor allem die Literatur der Lager, einschließlich Primo Levi. Hier wird der Leser eingeladen, an eine Läuterung der Frau zu glauben. Die Massenmörderin wird als virtuelle Heilige präsentiert, der Leser dazu angehalten, die heilende Kraft der Dichtung zu bestätigen. In Bernhard Schlinks dialektischer Kaffeestube scheint man tatsächlich den Kuchen behalten zu dürfen, während man ihn verzehrt: nicht nur ›alle menschlichen Gebrechen‹, sondern ›jedes Verbrechen‹ kann hier versöhnt werden. Schlinks Versuch, diese These unter das Volk zu bringen, bedient sich einer offenbar durchschlagend erfolgreichen Form der Kulturpornographie. Tatsächlich ist diese Perspektive von vornherein festgelegt: durch den verhalten pornographischen Anfang, in dem die SS-Wärterin einen Schuljungen verführt.

Am Ende des Buches beruft der Erzähler sich auf die
›Wahrheit‹. Diese ›Wahrheit‹ besteht indessen nur in seiner
eigenen Arbeit: ›So gibt es neben der Version, die ich geschrieben habe, viele andere. Die Gewähr dafür, daß die
geschriebene die richtige ist, liegt darin, daß ich sie geschrieben und die anderen Versionen nicht geschrieben
habe.‹ Dieser Zirkelschluss ist dem Autor von doppeltem
Nutzen: Er macht jede Kritik unmöglich, und er befreit
den Erzähler von aller Verantwortung: *Der Vorleser* hätte
also nur eine virtuelle Realität. Weder die innere Stimmig-
keit des Buches noch sein Verhältnis zur Geschichte sollen
in Frage gestellt werden dürfen. Diese wirre Ästhetik
durchdringt das ganze Buch, sie schafft eine Double-
Bind-Situation und verstrickt den Leser in eine Erzählung, die logisch unmöglich, historisch falsch und moralisch pervers ist: Auf der einen Seite soll sie auf subjektiver
Willkür gründen. Auf der anderen Seite nutzt der Erzähler ausgiebig bekannte Symbole und Verallgemeinerungen
und suggeriert so, dass seine Geschichte von weitreichen-
der Gültigkeit sei.

Der Roman steckt voller Unwahrscheinlichkeiten, schlechten Beschreibungen und mehr oder minder geringen Irrtü-
mern, die den Leser dazu verleiten, die größeren Fehler
hinzunehmen: ein Deutschland nach dem Krieg, das nicht
von Bomben und Mangel gezeichnet ist. Eine Straßenbahnschaffnerin, die die Fahrkarten nicht lesen kann, die
sie selbst verkauft. Ein Knabe, der *Krieg und Frieden* von
der ersten bis zur letzten Seite laut vorliest, mit einer Ge-
schwindigkeit von dreißig Seiten pro Stunde. Ein Todesmarsch, auf dem die SS die Schwachen nicht erschießt,
sondern sich wie eine reguläre Einheit verhält und jeden
Abend einen ordentlichen Bericht abliefert.

Stets weigert sich der Autor von *Der Vorleser*, seine Quel-
len ernst zu nehmen. So beruft sich der Erzähler zwar auf
Emilia Galotti, aber sein Buch stellt die Botschaft dieses
Dramas auf den Kopf: Lessings Stück handelt von der

Herrschaft des Menschen über sich selbst, von der Macht und vom Verhältnis zwischen der Herrschaft über sich selbst und der Herrschaft über einen Staat. Aber diese Motive beachtet Bernhard Schlink nicht. Das Stück zeigt, wie ein Regierender mit Gewalt eine Untertanin dazu bringen will, seine Geliebte zu werden, was ihren Tod in einem finalen Akt der Selbstverteidigung zur Folge hat – ein Schluss, der im *Vorleser* mit leichter Hand abgewandelt wird. In Schlinks Variante verlieren die entscheidenden Motive von Schuld und Verantwortung sowie die Frage nach dem Verhältnis von persönlicher und staatlicher Macht ihre Bedeutung.

Wo Lessing mit großer Genauigkeit der Befehlskette nachspürt – wie später Solschenizyn im *Ersten Kreis* –, soll die Protagonistin gleichsam zufällig zu einem Mitglied der SS geworden sein. Auch konzentriert sich Schlink ganz besonders auf die rührseligen Selbstbezichtigungen des Erzählers. Im Unterschied zu Lessing oder Solschenizyn umgibt Schlink seine Figuren mit einem moralischen Vakuum. Und im Unterschied zu Lessings Versuch, Mitleid mit anderen zu wecken, ergeht sich Schlinks Erzähler in Selbstmitleid. Dieses Gefühl wird im moralischen Autismus gespiegelt, der den Erzähler befällt, in seiner Unfähigkeit, sich mit den Gefühlen anderer auseinander zu setzen, geschweige denn mit ihrem Leiden. Unfähig, zwischen ›Schuld‹ und ›Leiden‹ zu unterscheiden, besteht das einzige ›Leiden‹, das er sich vorstellen kann, im Trauma des deutschen Volkes nach dem Krieg.

Derselbe Zynismus bringt die Posen der Täter und die Schmach der Opfer durcheinander: ›Alle (!) Literatur der Überlebenden berichtet von der Betäubung, unter der die Funktionen des Lebens reduziert, das Verhalten teilnahms- und rücksichtslos und Vergasung und Verbrennung alltäglich vorgehen.‹ Diese selbstgerechte Instrumentalisierung des Opfers ist praktisch ein Vorwurf an die Gefangenen, sich ihren Folterern unterworfen zu haben.

Die komplexen Beziehungen zwischen unschuldigem
Komplizentum und Bösartigkeit, die Lessing so sorgfältig
prüft, sind hier gelöscht.

Indem Schlink ein einfaches, in sich geschlossenes Dasein
als Opfer erfindet, macht er die historischen Tatsachen zu
Spielmaterial. Primo Levi beschreibt, wie die selbstlose
Menschlichkeit seines Freundes Lorenzo ihm das Leben
rettet, weniger dadurch, dass er ihm etwas zu essen bringt
als vielmehr, dass er durch seine Taten den Fortbestand
des Guten bezeugt. Diese Formen des Widerstands sind
keine Kleinigkeit. Sie sind zentrale Momente einer Erfahrung, die Schlinks Buch zu schildern vorgibt, aber bis zur
Unkenntlichkeit verfälscht.

Mit den Nerven am Ende

Wenn Bernhard Schlink die SS beschreibt, offenbart er
dieselbe Missachtung gegenüber den Tatsachen. Der Erzähler tritt mit der albernen Geste eines Fachmanns für
die Verbrechen des Dritten Reiches auf, aber ihm fehlen
offenbar elementare Kenntnisse: ›Auch in den spärlichen
Äußerungen der Täter begegnen (sic!) die Gaskammern
und Verbrennungsöfen als alltägliche Umwelt …‹. Hermann Langbein führt hingegen mehrere Fälle auf, in denen Mitglieder der SS Nervenzusammenbrüche erlitten,
weil sie das Erlebte nicht ertragen konnten. Andere wurden wahnsinnig, und einer von diesen wurde selbst in die
Gaskammer geworfen. Ein anderer kehrte vom Dienst an
der Rampe zurück und sagte: ›Mein Gott, was dort ge-
schieht, das sind keine SS-Männer mehr, das sind Bandi-
ten, das sind Mörder!‹ Man sollte zum Vergleich auch die
Zeugenaussage von Oswald Kaduk hinzuziehen, einem
SS-Rapportführer und, nach Aussage eines Internierten,
›dem gefürchtetsten Mann im Lager‹: ›In Auschwitz war
ich mit den Nerven völlig am Ende. Wenn sie solche Aktionen sehen, dann sind sie auch schockiert.‹ Eichmann

selbst sagte in Argentinien, er sei fast in Ohnmacht gefallen, als er die Leichenberge in Auschwitz gesehen habe, aber: ›Es hätte sich schlecht gemacht, wäre ich dort in Ohnmacht gefallen ...‹.

Dass Schlink historische Ereignisse durch die Subjektivität eines Erzählers filtert, bis sie jede Verbindung mit dem tatsächlichen Geschehen verloren haben, gilt auch für das Kriegsverbrecherverfahren, das im Roman auf groteske Weise geschildert wird.

In seiner gepflegten Distanz gegenüber dem Grauen unterscheidet es sich gründlich von allen derartigen Verfahren, die tatsächlich stattgefunden haben. Im Unterschied zum Frankfurter Auschwitz-Prozess wird in diesem Verfahren die entscheidende Rolle der Angeklagten bei der Selektion der Opfer bagatellisiert. Stattdessen konzentriert sich das Verfahren ungerechtfertigt auf eine einzelne Episode: Die Gefangenen flüchten während des Todesmarsches in eine Kirche, die von Alliierten bombardiert wird, und kommen so ums Leben. Die SS, so verstehen wir, wären eigentlich die Retter ihrer Gefangenen gewesen. Wieder appelliert Schlink an unser Mitleid für die Mitglieder der SS. Wer hätte gedacht, dass es mit Lessings ›Poetik des Mitleids‹ ein solches Ende nehmen würde?

Albernerweise heißt es über Schlinks Massenmörderin weiter, sie habe für ihre eigene Wahrheit gekämpft, ihre eigene Gerechtigkeit. Soll diese Wahrheit wichtiger sein als die ihrer Opfer? In diesem Buch soll es offenbar keinen Unterschied zwischen Gut und Böse, zwischen Wahrheit und Lüge mehr geben.

Leser, die sich für die Psychologie einer tatsächlichen Mörderin interessieren, können im SZ-Magazin vom 13. Dezember 1996 nachschlagen. Dort werden sie ein mögliches Muster für Schlinks Protagonistin finden, allerdings in einer völlig anderen Fassung. Es geht in diesem Bericht um den Majdanek-Prozess von 1975 bis 1981, um das einzige Verfahren, in dem SS-Wärterinnen auf deut-

schem Boden angeklagt wurden – genauer um Hermine
Braunsteiner, stellvertretende Schutzhaftlagerführerin und
später Oberaufseherin der SS. Während des Verfahrens
löste sie Kreuzworträtsel. Wie Schlinks Heldin ergeht sie
sich in Selbstmitleid und attackiert ihre Ankläger. Tatsächlich unterscheidet sich ihre Vorstellung von Geschichte, in
der Majdanek schlicht ein ›Umschulungslager‹ gewesen
sein soll, nicht sehr von den Ereignissen in *Der Vorleser*.
Ein Höhepunkt im Roman – und eine Szene, von der die
ganze Beweisführung abhängt – ist der Augenblick, in
dem Schlinks Heldin ihren Richter fragt, was ›er‹ an ihrer
Stelle bei den ›Selektionen‹ getan hätte. Durch diese Episode wird der Eindruck erweckt, sie habe in einem Befehlsnotstand gehandelt. Dass es aber möglich war, sich
anders zu verhalten, bestätigt der ehemalige Unterschar-
führer Friedrich Althaus: ›Man konnte Mensch bleiben
und sich weigern.‹
Schlinks postmoderner Brei ist nicht nur deshalb so unge-
nießbar, weil er eine ernsthafte Auseinandersetzung zu
sein beansprucht, während er tatsächlich eine Travestie der
Wahrheit darstellt. Er ist so abstoßend, weil er auf tücki-
sche, pornographische Weise aus menschlichen Nöten und
Schwächen Kapital schlägt. Warum aber ist dieses Buch
dann so erfolgreich? Zum Teil, weil es die Geschichte so
vereinfacht, dass sie breiten Leserschichten entgegen-
kommt, von mitleidigen Liberalen, denen es lieber gewesen wäre, wenn die Auslöschung des europäischen Juden-
tums weniger grausam verlaufen wäre, bis zu verkappten
Nationalsozialisten, die gerne behaupten, das große Verbrechen habe gar nicht stattgefunden.
Zum Teil aber auch, weil wir uns allzu gern mit dem gegenwärtigen Modischen und stets Wohlfeilen, mit der An-
teilnahme für die Opfer begnügen. Und schließlich, weil
diese Kulturpornographie es besonders geschickt anstellt,
indem sie ernsthafte moralische Einsichten zu bieten beansprucht. Das Buch ist ein betrüblicher Kommentar zu

unserer verkehrten Welt, dass dieser Reißer von einem deutschen Richter ausgebrütet wurde.«

J. A.: Die Kunst, Mitleid mit den Mördern zu erzwingen. Übers. in Dt. von Thomas Steinfeld. In: Süddeutsche Zeitung. 20./21. April 2002. – Mit Genehmigung von Jeremy Adler, London.

In einem Leserbrief schreibt JULIANE KÖSTER:

»Sicher nicht zu Unrecht hat Bernhard Schlinks Roman *Der Vorleser* seit seinem Erscheinen 1995 auch kritische Resonanz hervorgerufen. Gegenwärtig ist jedoch eine Tendenz zu pauschaler Polemik zu konstatieren, der gegenüber eine differenzierende Betrachtungsweise angebracht erscheint. Die in der SZ nachgedruckte Kritik Jeremy Adlers trifft zu, wo er die universalisierenden Züge des Romans betont. Das gilt zum einen für den ›Betäubungstopos‹, der die Opfer den Tätern angleicht, und zum anderen für das Motiv des Analphabetismus, das die Täterin zugleich als Opfer – zumindest zweiter Ordnung – erscheinen lässt.

Faktum ist auch, dass im Roman die im Zusammenhang mit dem Holocaust verübten Verbrechen abstrakt bleiben. Sie werden so sehr entsinnlicht, dass man Hanna Schmitz nicht zutrauen mag, dass sie – wie Hermine Braunsteiner – Kinder mit einer Schöpfkelle erschlägt. Folglich kann Schlinks Absicht, die Monster als Menschen zu zeigen, durchaus als Relativierung der Schuld wahrgenommen werden.

Der Roman handelt aber auch von der Nachgeschichte des Nationalsozialismus im Täterkollektiv. Da der Holocaust von ganz normalen Deutschen ermöglicht und bewerkstelligt wurde, ist aus der Gedächtnisperspektive der Täter – und ihr folgt der Roman – eine Darstellung dieser Normalität legitim. Zu dieser Normalität gehört auch, dass die Täter die Nachgeborenen durch Liebe an

sich gebunden und durch Schweigen zu Komplizen gemacht haben. Diese Erfahrung macht der Roman evident.
Insofern er die Frage des kollektiven Umgangs mit der
Schuld und deren Weitergabe an die nächste Generation
thematisiert, erhalten vor allem junge Leserinnen und Leser Anstoß zur notwendigen kollektiven Selbstverständi-
gungsdebatte.
Problematisch an Schlinks Roman ist allerdings, dass er
die relativierende und die täterkritische Lektüre gleicher-
maßen zulässt. Wer will, kann den Text als Plädoyer für
weit gehende Schuldunfähigkeit der Täter lesen. Die Nei-
gung dazu ist sicher nicht gering.«

> J. K.: Nachgeborene durch Liebe an sich binden. In:
> Süddeutsche Zeitung. 27./28. April 2002.

In einem weiteren Leserbrief äußert sich STEFAN SCHLA-
GENHAUFER, stellvertretend für die Klasse 13 a der Berufs-
oberschule Schönbrunn, empört über die Vorwürfe Adlers
und hält dessen Kritik am Roman für eine nicht nachvollziehbare Verallgemeinerung:

»Wir haben Bernhard Schlinks Roman *Der Vorleser* im
Deutschunterricht ausführlich analysiert und interpretiert.
Allerdings weichen unsere Ergebnisse von denen des Kri-
tikers Jeremy Adler erheblich ab. Zum einen behauptet
Adler, dass sich die angeklagte Hanna im Roman selbst
bemitleide und den Richter verbal attackiere. Dies ist aber
eindeutig falsch. Im Gegenteil: Sie nimmt noch weitere
Schuld auf sich, indem sie auf eine Verteidigung wegen ihres Analphabetismus in ihrer Situation verzichtet. Darüber hinaus gibt es noch weitere Punkte, die vom Kritiker
verfehlt wurden.
Die Begriffe ›Kulturpornografie‹, ›postmoderner Brei‹ und
›Travestie der Wahrheit‹ haben uns sehr empört, noch
dazu, weil Adler Klischees im Roman anprangert, woge-

gen er selbst welche aufbaut, indem er die Deutschen pauschal als nationalsozialistisch abqualifiziert. Der Kritiker hält dieses Buch für ›moralisch pervers, historisch falsch‹. Unserer Auffassung nach hat er nicht begriffen, dass dieser Roman weder ein Geschichtsbuch noch eine juristische Analyse der Geschehnisse in der NS-Zeit ist.

Dieses Buch ist ›lediglich‹ eine fiktionale Geschichte, die dazu gedacht ist, zur Aufarbeitung der NS-Geschehnisse anzuregen. Dass das Leitmotiv eine ›Liebesgeschichte‹ ist, spielt keine große Rolle. Als ›moralisch pervers‹ oder ›Kulturpornografie‹ würden wir das aber sicher nicht bezeichnen. Der Aufhänger des Buches ist ungewöhnlich; das ändert aber nichts daran, dass es ein wichtiger Beitrag zur moralischen Aufarbeitung der NS-Zeit ist. Vermutlich ist eine ganze Bandbreite von Vorurteilen nötig, um Schlink vorzuwerfen, diese Liebesromanze sei nur als kitschiger Reißer gedacht, um die Verkaufszahlen zu erhöhen.

Dass der Kritiker nicht nachvollziehbar diesen fiktionalen Einzelfall verallgemeinert, dass er ständig Kultur mit Kriminalität vermischt und verwechselt und dass er diese Geschichte für eine starke Vereinfachung der historischen Thematik hält, beweist, dass er die Botschaft dieser Geschichte und die Intention des Autors nicht verstanden hat. Es ist durchaus richtig, dass der Roman einige Fragen offen lässt. Dies ist aber beabsichtigt, um dem Leser Spielraum für eigene Gedanken und Interpretationen zu geben. Das kann man aber nicht als historische Lücken oder als beabsichtigte Verschleierung auffassen. Es ist eine Beleidigung, wenn Adler die Leser dieses Buches als ›verkappte Nationalsozialisten‹ bezeichnet, nur weil ihnen dieser Roman gefällt. Anscheinend denkt Adler, dass in den Köpfen der Deutschen das NS-Denken nach fast sechs Jahrzehnten immer noch präsent ist. Oder hat er diese Fehlinterpretation und ungerechtfertigte, schlecht begründete Kritik nur verfasst, um dem Leser seine Abneigung gegenüber den Deutschen zu zeigen? Jedenfalls sind die Vorwürfe gegen Schlinks Buch weit überzogen.«

St. Sch.: Nicht nachvollziehbare Verallgemeinerung.
In: Süddeutsche Zeitung. 16. Mai 2002.

In einer »Nachlese zu Schlinks *Vorleser*« geht FELICITAS VON LOVENBERG der Frage nach, warum sich deutsche Literatur so schlecht exportieren lasse:

»Nachdenklich stimmt, warum es erst jetzt zu dieser Art von Kritik kommt. Noch vor wenigen Jahren hatte George Steiner empfohlen, man möge das Buch ›lesen und wiederlesen‹. Heute erklärt Frank Finlay, Professor für Germanistik in Leeds, Schlinks Roman habe wohl auch deshalb in der englischsprachigen Welt so großen Erfolg gehabt, weil seine schlichte, unkomplizierte Art ›eher angelsächsisch‹ anmute. Zum Erfolg des Buches in England dürfte aber auch beigetragen haben, daß ein deutscher Autor Verständnis für eine Nazi-Täterin aufbringt. Es fallen einem auch manche angelsächsische Bücher ein, die wohl anders aufgenommen worden wären, wenn ihre Autoren Deutsche gewesen wären – Robert Harris' *Fatherland*[1] und *Enigma*[2], aber auch Kressmann Taylors fiktiver Briefwechsel *Adressat unbekannt*[3] sind als Bücher deutscher Autoren schwer vorstellbar. Ein interessanter Fall in diesem Zusammenhang ist die in Berlin lebende Deutsch-Australierin Rachel Seiffert, die ihren Roman *Die dunkle*

---

1 Thriller. Aus dem Engl. von Hanswilhelm Haefs. München 1996. Engl. Orig.-Ausg.: Fatherland. London 1992. – Was wäre, wenn Hitler den Krieg gewonnen hätte? Diese Vision malt Robert Harris in seinem Bestseller aus.

2 Thriller. Aus dem Engl. von Christel Wiemken. München 1994. Engl. Orig.-Ausg.: Enigma. London 1995. – Harris stellt die Wunder-Chiffrier-Maschine der Nazis in den Mittelpunkt seines Buches.

3 Dt. von Dorothee Böhm. Hamburg 2000. Engl. Orig.-Ausg.: Adress Unknown. New York 1938.

Kammer[4] auf englisch geschrieben und zunächst in Großbritannien veröffentlicht hat, wo ihre Geschichte von Menschen, die im Nationalsozialismus Mörder und reizende Verwandte zugleich waren, sogar in die engere Auswahl für den Booker-Preis gekommen ist.

Auch Schlink wurde zunächst gefeiert. Nun hat ihn doch noch eingeholt, was nicht zuletzt durch den Erfolg seines Romans überwunden schien: Das Diktum, daß nur ausländische Autoren frei über alle Aspekte der deutschen Vergangenheit verfügen dürfen.«

> F. v. L.: Nachlese zu Schlinks *Vorleser*. In: Frankfurter Allgemeine Zeitung. 9. April 2002. – Mit Genehmigung von Felicitas von Lovenberg, Frankfurt am Main.

---

4 Aus dem Engl. von Olaf Matthias Roth. Berlin 2001. Engl. Orig.-Ausg.: The Dark Room. London 2001. – Der Roman thematisiert den Umgang mit dem Erbe der Nazi-Generation.

VI. Literaturhinweise

1. Ausgaben, Hörbuch

Der Vorleser. Roman. Zürich: Diogenes, 1995.

Der Vorleser. Roman. Zürich: Diogenes, 1997. (detebe 22953.)

Der Vorleser. Roman. (Einmalige Jub.-Ausg.) Zürich: Diogenes, 2002.

Der Vorleser. Roman. [Hörbuch.] Gelesen von Gert Westphal. 5 CD / 4 MC. Hamburg: Litraton, 1998. [Ungekürzte Fassung.]

2. Texte Bernhard Schlinks im weiteren Kontext des *Vorlesers*

a) Kriminalromane und Erzählungen

Die gordische Schleife. Roman. Zürich: Diogenes, 1988.

Selbs Justiz. Roman. [In Zsarb. mit Walter Popp.] Zürich: Diogenes, 1987.

Selbs Betrug. Roman. Zürich: Diogenes, 1992.

Selbs Mord. Roman. Zürich: Diogenes, 2001.

Liebesfluchten. Geschichten. Zürich: Diogenes, 2000. [Siehe v. a. *Die Beschneidung* und *Das Mädchen mit der Eidechse*.]

b) Aufsätze und Reden

Vergangenheitsschuld und gegenwärtiges Recht. Frankfurt a. M.: Suhrkamp, 2002. (es 2168.) [Im Folgenden zit. als: Schlink, *Vergangenheitsschuld*.]

Auf dem Eis. Von der Notwendigkeit und der Gefahr der Beschäftigung mit dem Dritten Reich und dem Holocaust. Ein Essay. In: Der Spiegel. Nr. 19. 2001. S. 82–86. – Auch in: Spiegel Special. Nr. 1. 2001. S. 18–21. – Wiederabgedr. u. d. T.: Die Gegenwart der Vergangenheit. In: *Vergangenheitsschuld*, S. 145–156.

Heimat als Utopie. Frankfurt a. M.: Suhrkamp, 2000. [Sonderdruck.]

Dankesrede zur Verleihung des Hans-Fallada-Preises 1997 der Stadt Neumünster am 16. Januar 1998. In: Dokumentation zur

Verleihung des Hans-Fallada-Preises an Bernhard Schlink bei der Stadt Neumünster. Fachbereich II – Schule, Kultur und Sport.

Schlage die Trommel! Rede zur Verleihung der Ehrengabe der Heinrich-Heine-Gesellschaft am 17. Februar 2000. In: Der Tagesspiegel. 26. März 2000. – Auch in: Heine-Jahrbuch 39 (2000) S. 230–237.

c) Zeitungs-Interviews (mit Aussagen über den *Vorleser*)

Becker, Peter von: »Mein Erfolg bleibt ein Traum«. Bernhard Schlink über sein Doppelleben als Jurist und Bestseller-Autor, über die Spannung vor dem Erscheinen seines Buches *Liebesfluchten*. In: Der Tagesspiegel. 5. Januar 2000. [Zit. als: Becker, 2000.]

Hage, Volker / Doerry, Martin: »Ich lebe in Geschichten«. Spiegel-Gespräch mit Bernhard Schlink. In: Der Spiegel. Nr. 4. 2000. S. 180–184. [Zit. als: Hage/Doerry, 2000.]

– / Koch, Julia: »Lesen muss man trainieren«. Der Erfolgsautor und Rechtsprofessor Bernhard Schlink über die Pisa-Studie, schlechten Deutschunterricht in der Schule und die Schreibschwächen seiner Studenten. Spiegel-Gespräch. In: Der Spiegel. Nr. 2. 2002. S. 39–42.

Kammann, Petra: »Der Erzähler«. Interview mit Bernhard Schlink. In: Buchjournal. Nr. 1. 2000. S. 14–17. [Zit. als: Kammann, 2000.]

Krause, Tilman: »Gegen die Verlogenheit an sich selbst«. Gute Literatur lebt von der Auseinandersetzung mit der Umwelt – ein Gespräch mit Bernhard Schlink, dem Autor des *Vorlesers*. In: Die Welt. 3. April 1999.

– »In Berlin fehlt es an Bürgersinn«. *Welt*-Literaturpreisträger Bernhard Schlink über seinen Beruf, seine Vorbilder und die deutsche Geschichte. In: Die Literarische Welt. Nr. 240. [Literaturbeil. in: Die Welt. 14. Oktober 1999.] S. 35 f.

Kübler, Gunhild: »Als Deutscher im Ausland wird man gestellt«. [Interview.] Der Schriftsteller Bernhard Schlink über die Empfindlichkeiten zwischen Ost- und Westdeutschen und Juden sowie seine Angst vor dem Beifall von der falschen Seite. In: Die Weltwoche. Zürich. 27. Januar 2000. S. 35 f. [Zit. als: Kübler, 2000.]

Rohwer, Jörn Jacob: »Ich kann auch sehr fröhlich sein«. Interview mit Bernhard Schlink. In: Frankfurter Rundschau Magazin. 6. Oktober 2001. S. 4 f. [Zit. als: Rohwer, 2001.]

3. Allgemeine Literatur über Leben und Werk

a) Lexikalische Artikel

Kampa, Daniel / Kälin, Armin C.: Bernhard Schlink. In: D. K. / A. C. K.: Diogenes Autoren Album. Unter Mitarb. von Andreas Wehrli und Margaux de Weck. Korr. und aktual. Neuausg. Zürich 2002. S. 270 f.

Hoécker, Carola: Bernhard Schlink, *Der Vorleser*. In: Harenberg. Das Buch der 1000 Bücher. Autoren, Geschichte, Inhalt und Wirkung. Hrsg. von Joachim Kaiser. Dortmund 2002. S. 961 f.

Moraldo, Sandro: Bernhard Schlink. In: Kritisches Lexikon zur deutschsprachigen Gegenwartsliteratur (KLG). Hrsg. von Heinz Ludwig Arnold. 70. Nlg. 3/2002. München 2002. S. 1–13. [Zum *Vorleser*: S. 8–11.]

Walter, Klaus-Peter: Bernhard Schlink. In: Lexikon der Kriminalliteratur. Autoren, Werke, Themen, Aspekte. [Loseblattsammlung.] Hrsg. von K.-P. W. 34. Erg.-Lg. 6/2001. Meitlingen 2001. S. 1–3.

– Bernhard Schlink, *Selbs Justiz*. In: Reclams Krimi-Lexikon. Autoren und Werke. Hrsg. von K.-P. W. Stuttgart 2002. S. 376 f.

Murra, Christine: Bernhard Schlink. In: Lexikon Deutsch. Autoren und Werke. Hrsg. von Hartmut von der Heyde. Aktual. Aufl. Freising 2002. S. 178 f.

b) Laudationes

Krause, Tilman: Laudatio auf Bernhard Schlink (17. Februar 2000). In: Heine-Jahrbuch 39 (2000) S. 238–242.

Schneider, Peter: Rede zur Verleihung des Fallada-Preises an Bernhard Schlink am 16. Januar 1998. In: Dokumentation zur Verleihung des Hans-Fallada-Preises 1997 an Bernhard Schlink bei der Stadt Neumünster. Fachbereich II – Schule, Kultur und Sport.

Stölzl, Christoph: »Ich hab's in einer Nacht ausgelesen«. Laudatio auf Bernhard Schlink. In: Die Literarische Welt. [Literaturbeil. in: Die Welt. 13. November 1999.] S. 6.

4. Literatur zu *Der Vorleser*

a) Literaturwissenschaftliche Rezeption

Baßler, Moritz: Der deutsche Pop-Roman. Die neuen Archivisten. München 2002. [Zum *Vorleser*: Kap. »Probleme des Realismus«, S. 69–78.]

Corngold, Stanley: Fürsorge beim Vorlesen. Bernhard Schlink's Novel *Der Vorleser*. In: Signaturen der Gegenwartsliteratur. Festschr. für Walter Hinderer. Hrsg. von Dieter Borchmeyer. Würzburg 1999. S. 248–255.

Donahue, William Collins: Illusions of Subtlety. Bernhard Schlink's *Der Vorleser* and the Moral Limits of Holocaust Fiction. In: German Life and Letters 54 (2001) S. 60–81.

Durzak, Manfred: Opfer und Täter im Nationalsozialismus. Bernhard Schlinks *Der Vorleser* und Stephan Hermlins *Die Kommandeuse*. In: Literatur für Leser (2000) H. 4. S. 203–213.

Erne, Dagmar: Bernhard Schlink, *Der Vorleser*. Diplomarbeit. [Masch.] Innsbruck 2001.

Fricke, Hannes: Bernhard Schlink. Der Vorleser. Opfer und Täter. In: Interpretationen. Romane des 20. Jahrhunderts. Bd. 3. Stuttgart 2003. S. 274–294.

– Bernhard Schlinks Der Vorleser oder: Darf man einen Täter lieben? In H. F.: Das hört nicht auf. Trauma, Literatur und Empathie. Göttingen 2004. S. 193–198.

Graf, Guido: »Was ist die Luft unserer Luft?« Die Gegenwart der Vergangenheit in neueren deutschen Romanen. In: Der deutsche Roman der Gegenwart. Hrsg. von Wieland Freund und Winfried Freund. München 2001. S. 17–28. [Zum *Vorleser*: S. 23–25.]

Grigutsch, Heike: Bernhard Schlink, *Der Vorleser*. Versuch über den Erfolg. Magisterarbeit. [Masch.] Bremen 2002.

Johnson, Sally / Finlay, Frank: (Il)literacy and (Im)morality in Bernhard Schlink's *The Reader*. In: Written Language and Literacy 4,2 (2001) S. 195–214.

Knobloch, Hans-Jörg: Eine ungewöhnliche Variante in der Täter-Opfer-Literatur. Bernhard Schlinks Roman *Der Vorleser*. In: Schreiben nach der Wende. Ein Jahrzehnt deutscher Literatur. 1989–1999. Hrsg. von Gerhard Fischer und David Roberts. Tübingen 2001. S. 89–98.

Long, Jonathan J.: Bernhard Schlink's *Der Vorleser* and Binjamin Wilkomirski's *Bruchstücke*. Best-selling Responses to the Holocaust. In: German-Language Literature Today: International and Popular? Hrsg. von Arthur Williams [u. a.]. Bern [u. a.] 2000. S. 49–65.

Parkes, Stuart: »Die Ungnade der späten Geburt?« The Theme of National Socialism in Recent Novels by Bernhard Schlink and Klaus Modick. In: German Culture and the Uncomfortable Past. Representations of National Socialism in Contemporary Germanic Literature. Hrsg. von Helmut Schmitz. Aldershot [u. a.] 2001. S. 87–101.

– The Language of the Past: Recent Prose by Bernhard Schlink, Marcel Beyer and Friedrich Christian Delius. In: »Whose story?« – Continuities in Contemporary German-language Literature. Hrsg. von Arthur Williams [u. a.]. Bern [u. a.] 1998. S. 115–131.

Parry, Ann: The Caesura of the Holocaust in Martin Amis's *Time's Arrow* and Bernhard Schlink's *The Reader.* In: Journal of European Studies 29 (1999) H. 3. S. 249–267.

Schlant, Ernestine: Bernhard Schlink. In: E. Sch.: Die Sprache des Schweigens. Die deutsche Literatur und der Holocaust. Dt. von Holger Fliessbach. München 2001. [Zit. als: Schlant, 2001.] S. 259–268. – Engl. Orig.-Ausg. New York 1999.

Kathrin Schödel: Jenseits der *political correctness* – NS-Vergangenheit in Bernhard Schlink, *Der Vorleser,* und Martin Walser, *Ein springender Brunnen.* In: Seelenarbeit an Deutschland. Martin Walser in Perspective. Hrsg. von Stuart Parkes und Fritz Wefelmeyer. Amsterdam / New York 2004. (German Monitor. 60) S. 307–322.

b) Didaktisch orientierte Literatur

Greese, Bettina / Peren-Eckert, Almut: Einfach Deutsch. Bernhard Schlink, *Der Vorleser.* Unterrichtsmodell. Mit Beiträgen von Sonja Pohsin. Hrsg. von Johannes Diekhaus. Neubearb. Paderborn 2000.

Heyde, Hartmut von der: Rezension »Bernhard Schlink, *Der Vorleser«.* Informationen für den Deutschlehrer. Freising 1999. (Unterrichts-Materialien Deutsch. 629.)

Klein, Stefan: Einblicke in menschliche Verführbarkeiten – Bernhard Schlink, *Der Vorleser.* In: RAAbits Deutsch/Literatur. 30. Erg.-Lfg. Heidelberg 2000.

Köster, Juliane: Bernhard Schlink, *Der Vorleser* (1995) – Eine Interpretation für die Schule. In: Der Deutschunterricht 51 (1999) H. 4. S. 70–81.

– Bernhard Schlink, *Der Vorleser*. München 2000. (Oldenbourg Interpretationen. 98.) [Zit. als: Köster, 2000.]

– Schritte aus der Unmündigkeit. Bernhard Schlink, *Der Vorleser*. In: Deutschunterricht (Berlin) (1997) H. 6. S. 328–330.

– / Schmidt, Rolf: Interaktive Lesung mit Bernhard Schlink. In: Deutschunterricht (Berlin) (1998) H. 1. S. 46–49. [Zit. als: Köster/Schmidt, 1998.]

Lamberty, Michael: Literatur-Kartei *Der Vorleser*. Schülerarbeitsmaterial für die Sekundarstufen. Mühlheim a. d. R. 2001.

Möckel, Magret: Erläuterungen zu Bernhard Schlink, *Der Vorleser*. Hollfeld 2000. (Königs Erläuterungen und Materialien. 403.)

Moers, Helmut: Bernhard Schlink, *Der Vorleser*. Interpretationshilfe Deutsch. Freising 1999. [Zit. als: Moers, 1999.]

Reisner, Hanns-Peter: Lektürehilfen. Bernhard Schlink, *Der Vorleser*. Stuttgart 2001. [Zit. als: Reisner, 2001.]

Schäfer, Dietmar: Bernhard Schlink, *Der Vorleser*. In: Kreative Ideenbörse. Deutsch-Sekundarstufe II. Stundenbilder und Materialien für den Unterricht. Hrsg. von Reiner Roland. H. 3. Landsberg a. Lech 1998.

– Bernhard Schlink, *Der Vorleser*. München 2000. (Mentor Lektüre-Durchblick. 344.) [Zit. als: Schäfer, 2000.]

Steinbach, Gabrielle: Bernhard Schlink, *Der Vorleser*. Unterrichts-Konzepte Deutsch – Literatur Oberstufe. Freising 1999. [Dazu auch: Deutsch Arbeitsheft. Bernhard Schlink, *Der Vorleser*. Arbeitsmaterial mit Aufgaben. Zusammengest. von Gabrielle Steinbach.]

Urban, Cerstin: Bernhard Schlink, *Der Vorleser*. Kommentare, Diskussionsaspekte und Anregungen für produktionsorientiertes Lesen. Hollfeld ²2002. (Blickpunkt-Text im Unterricht. BL 521.)

c) Feuilleton-Debatte über den *Vorleser* vom Frühjahr 2002 (Auswahl)

Adler, Jeremy: Letter to the Editor. Bernhard Schlink and *The Reader*. In: Times Literary Supplement. 22. März 2002.

– Die Kunst, Mitleid mit den Mördern zu erzwingen. Einspruch gegen ein Erfolgsbuch: Bernhard Schlinks *Der Vorleser* betreibt sentimentale Geschichtsfälschung. [Überarb. und stark erw. Fassung des Leserbriefs im Times Literary Supplement. 22. März 2002.] Dt. von Thomas Steinfeld. In: Süddeutsche Zeitung. 20./21. April 2002.

Hage, Volker: Unter Generalverdacht. Kulturkritiker rüsten zu einer bizarren Literaturdebatte: Verharmlosen erfolgreiche Bücher wie Günter Grass' Novelle *Im Krebsgang* oder Bernhard Schlinks Roman *Der Vorleser* die Schuld der Deutschen am Holocaust und Zweiten Weltkrieg? In: Der Spiegel. Nr. 15. 2002. S. 178–181.

Krause, Tilman: Kritik der Schulmeister. [Kommentar.] In: Die Welt (Berlin). 9. April 2002.

Kübler, Gunhild: Rempeleien im literarischen Salon. Macht sich *Vorleser*-Autor Bernhard Schlink der Kulturpornographie schuldig? Der umstrittene Schriftsteller ist Gast bei den diesjährigen Solothurner Literaturtagen. In: Neue Zürcher Zeitung am Sonntag (Zürich). 12. Mai 2002.

Lovenberg, Felicitas von: Literatur und Holocaust. Nachlese zu Schlinks *Vorleser*. In: Frankfurter Allgemeine Zeitung. 9. April 2002.

Müller-Ullrich, Burkhard: Neue Unbefangenheit der Geschichte gegenüber? Über den Feuilletonstreit um Günter Grass und Bernhard Schlink. In: Der Standard (Wien). 4. Mai 2002. S. 7 f.

Norfolk, Lawrence: Die Sehnsucht nach einer ungeschehenen Geschichte. Warum Bernhard Schlinks Roman *Der Vorleser* ein so schlechtes Buch ist und allein sein Erfolg einen tiefen Sinn hat. Aus dem Engl. übers. von Joachim Kalka. In: Süddeutsche Zeitung. 27./28. April 2002.

Raphael, Frederic: Letter to the Editor: Bernhard Schlink. In: Times Literary Supplement. 8. März 2002.

Winkler, Willi: Vorlesen, Duschen, Durcharbeiten. Schlechter Stil, unaufrichtige Bilder: England begreift nicht mehr, was es an Bernhard Schlinks Bestseller *Der Vorleser* fand. In: Süddeutsche Zeitung. 30./31. März 2002.

Archive für Rezensionen und Zeitungsartikel zum *Vorleser*

Diogenes Verlag, Presseabteilung (CH-8032 Zürich, Sprecherstraße 8); KLG-Textdienst, edition text + kritik (Levelingstraße 6a, 81673 München); Autorendokumentation der Stadt- und Landesbibliothek Dortmund (Königswall 21, 44122 Dortmund); Innsbrucker Zeitungsarchiv, Abt. für Literaturkritik und Rezeptionsforschung, Institut für Germanistik, Universität (Innrain 52, A-6020 Innsbruck); Deutsches Literaturarchiv Marbach a. N. (Schillerhöhe 8–10, D-71672 Marbach a. N.).

5. Forschungsliteratur und Hilfsmittel zu einzelnen Themenbereichen und zum zeitgeschichtlichen Hintergrund des *Vorlesers*

a) Nachschlagewerke

Bedürftig, Friedemann: Drittes Reich und Zweiter Weltkrieg. Das Lexikon. München 2002.

Benz, Wolfgang (Hrsg.): Legenden, Lügen, Vorurteile. Ein Wörterbuch zur Zeitgeschichte. München 1992. [12]2002. [Zit. als: Benz, 2002.]

– (Hrsg.): Lexikon des Holocaust. München 2002.

– / Graml, Hermann / Weiß, Hermann (Hrsg.): Enzyklopädie des Nationalsozialismus. München 1997. [4]2001. [Zit. als: *Enzyklopädie des Nationalsozialismus.*]

b) NS-Lager, NS-Verbrechen, Holocaust

Benz, Wolfgang: Der Holocaust. München [5]2001.

Browning, Christopher R.: Ganz normale Männer. Das Reserve-Polizeibataillon 101 und die »Endlösung« in Polen. Dt. von Jürgen Peter Krause. Reinbek b. Hamburg 1996. [5]2002. – Engl. Orig.-Ausg.: New York 1992.

Brunner, Bernhard: Auf dem Weg zu einer Geschichte des Konzentrationslagers Natzweiler. Landeszentrale für politische Bildung Baden-Württemberg. Stuttgart 2000.

Heer, Hannes / Naumann, Klaus (Hrsg.): Vernichtungskrieg. Verbrechen der Wehrmacht 1941–1944. Hamburg [2]1995.

Herbert, Ulrich / Orth, Karin / Dieckmann, Christoph (Hrsg.): Die nationalsozialistischen Konzentrationslager – Entwicklung und Struktur. 2 Bde. Frankfurt a. M. 2000. [Zuerst: Göttingen 1998.]

Pohl, Dieter: Holocaust. Die Ursachen, das Geschehen, die Folgen. Freiburg i. Br. 2000. [Zit. als: Pohl, 2000.]

Rogasky, Barbara: Der Holocaust. Ein Buch für junge Leser. Aus dem Amerik. und mit einem Nachw. von Alan Posener. Berlin 1999. Neuausg. Reinbek b. Hamburg 2002.

Zieger, Jürgen: Mitten unter uns. Natzweiler-Struthof. Spuren eines Konzentrationslagers. Hamburg 1986.

c) KZ-Wärterinnen: Zeugenberichte, literarische Texte

Buber-Neumann, Margarete: Als Gefangene bei Stalin und Hitler. Eine Welt im Dunkel, München 2002. [Kap. »Der Abgrund«, S. 309–348.]

Fénelon, Fania: Das Mädchenorchester von Auschwitz. München [13]1997. [S. 34–36 über die Lagerführerin Maria Mandel. – Zuerst: Frankfurt a.M. 1980.]

Fried, Erich: Ein Soldat und ein Mädchen. Roman. München 2000. [Zuerst: Hamburg 1960. – Der beste Vergleichstext zum *Vorleser*; Darstellung der jungen KZ-Aufseherin Helga teilweise angeregt vom Schicksal Irma Greses.]

Hermlin, Stephan: Die Kommandeuse (1954). In: St. H.: Erzählende Prosa. Berlin/Weimar 1990. S. 330–342. Auch in: St. H.: Erzählungen. Berlin/Weimar 1970. S. 223–236. [Fiktive Figur der KZ-Wärterin Hedwig Weber.]

Klüger, Ruth: Weiter leben. Eine Jugend. München [9]1999. [Kap. »Christianstadt (Groß Rosen)«, bes. S. 145 ff. – Zuerst: Göttingen 1992.]

Leitner, Isabella: Isabella. Fragmente ihrer Erinnerung an Auschwitz. Mit einem Nachw. von Irving A. Leitner. Aus dem Amerik. von Uwe-Michael Gutzschhahn. Ravensburg 1999. S. 47–52.

Schneider, Helga: Laß mich gehen. Roman. Aus dem Ital. von Claudia Schmitt. München/Zürich 2005. [Autobiographische Auseinandersetzung der 1937 geborenen Autorin mit ihrer Mutter Traudi Schneider, die 1941 Aufseherin in den Konzentrationslagern von Ravensbrück und Auschwitz-Birkenau wurde.] – Ital. Orig.-Ausg.: Mailand 2001.

Tillion, Germaine: Frauenkonzentrationslager Ravensbrück. Aus dem Frz. von Barbara Glaßmann. Frankfurt a.M. 2001. [Kap. »Die Aufseherinnen«, S. 149–154.] – Frz. Orig.-Ausg.: Paris 1973.

Vermehren, Isa: Reise durch den letzten Akt. Ravensbrück, Buchenwald, Dachau: eine Frau berichtet. Reinbek b. Hamburg [9]2002. [Kap. »Aufseherinnen«, S. 75–95. – Zuerst: Hamburg 1946.]

d) KZ-Wärterinnen: wissenschaftliche Aufsätze, Reportagen

Füllberg-Stolberg, Claus / Jung, Martina / Riebe, Renate / Scheitenberger, Martina (Hrsg.): Frauen in Konzentrationslagern: Bergen-Belsen, Ravensbrück. Bremen 1994. Kap. III »Täterinnen und Täter«.

Morrison, Jack G.: Die Aufseherinnen. In: J. G. M.: Ravensbrück. Das Leben in einem Konzentrationslager für Frauen 1939–1945. Aus dem Amerik. von Susanne Klockmann. Zürich/München 2002. S. 38–44.

Schmitz, Thorsten: Die Stute von Majdanek. In: Süddeutsche Zeitung Magazin. Nr. 50. 13. Dezember 1996. S. 17–26. Auch in: Hitlers Schatten: deutsche Reportagen. Hrsg. von Helmut Ortner. Gerlingen 2000. S. 59–79. [Über Hermine Ryan-Braunsteiner.]

Schwarz, Gudrun: »möchte ich nochmals um meine Einberufung als SS-Aufseherin bitten«. Wärterinnen in den nationalsozialistischen Konzentrationslagern. In: Frauen im Holocaust. Hrsg. von Barbara Distel. Gerlingen 2001. S. 331–352.

Taake, Claudia: Angeklagt: SS-Frauen vor Gericht. Oldenburg 1998. [u. a. über Irma Grese, Herta Oberheuser, Vera Salvequart.]

e) KZ-Prozesse

Less, Avner W. (Hrsg.): Der Staat Israel gegen Adolf Eichmann. Weilheim 1995.

Lichtenstein, Heiner: Majdanek. Reportage eines Prozesses. Frankfurt a. M. 1979. [Zit. als: Lichtenstein, 1979.]

Rückerl, Adalbert: NS-Verbrechen vor Gericht. Versuch einer Vergangenheitsbewältigung. Heidelberg 1982. 2., überarb. Aufl. Ebd. 1984.

Weber, Jürgen / Steinbach, Peter (Hrsg.): Vergangenheitsbewältigung durch Strafverfahren? NS-Prozesse in der Bundesrepublik Deutschland. München 1984.

Werle, Gerhard / Wandres, Thomas: Auschwitz vor Gericht. Völkermord und bundesdeutsche Strafjustiz. Mit einer Dokumentation des Auschwitz-Urteils. München 1995.

f) NS-Eliten in der Bundesrepublik Deutschland

Frei, Norbert (Hrsg.): Karrieren im Zwielicht. Hitlers Eliten nach 1945. Frankfurt a. M. / New York 2001.

Friedrich, Jörg: Die kalte Amnestie. NS-Täter in der Bundesrepublik. München 1994.

Klee, Ernst: Deutsche Medizin im Dritten Reich. Karrieren vor und nach 1945. Frankfurt a. M. 2002.

Loth, Wilfried / Rusinek, Bernd A. (Hrsg.): Verwandlungspolitik. NS-Eliten in der westdeutschen Nachkriegsgesellschaft. Frankfurt a. M. / New York 1998.

g) Nationalsozialistische Vergangenheit im Familienkontext

Bar-On, Dan: Die Last des Schweigens. Gespräche mit Kindern von Nazi-Tätern. Reinbek b. Hamburg 1997. [Zuerst: Frankfurt a. M. 1993.]

Lebert, Norbert / Lebert, Stephan: Denn du trägst meinen Namen. Das schwere Erbe der prominenten Nazi-Kinder. München 2000.

Welzer, Harald / Moller, Sabine / Tschuggnall, Karoline: Opa war kein Nazi. Nationalsozialismus und Holocaust im Familiengedächtnis. Unter Mitarb. von Olaf Jensen und Torsten Koch. Frankfurt a. M. 2002.

Westerhagen, Dörte von: Die Kinder der Täter. Das Dritte Reich und die Generation danach. München 1987.

h) Schulddiskurs

Arendt, Hannah: Organisierte Schuld. In: H. A.: In der Gegenwart. Übungen im politischen Denken II. Hrsg. von Ursula Ludz. München/Zürich 2000. S. 26–37. [Dt. zuerst in: Die Wandlung. Nr. 1. 1946. S. 333–344.]

Giordano, Ralph: Die zweite Schuld oder Von der Last Deutscher zu sein. Köln 2000. [Zuerst: Hamburg/Zürich 1987.]

Jaspers, Karl: Die Schuldfrage. Zur politischen Haftung Deutschlands. München 1987. [Vorlesungen im WS 1945/46 in Heidelberg. – Zuerst: Heidelberg 1946.]

i) Vergessen, Erinnerung und »Bewältigung« der Vergangenheit

Adorno, Theodor W.: Was bedeutet: Aufarbeitung der Vergangenheit. In: Th. W. A.: Erziehung zur Mündigkeit. Vorträge und Gespräche mit Hellmut Becker 1959–1969. Hrsg. von Gerd Kadelbach. Frankfurt a. M. 1971. S. 10–28. [Vortrag von 1959.]

Assmann, Aleida / Frevert, Ute: Geschichtsvergessenheit – Geschichtsversessenheit: Vom Umgang mit deutschen Vergangenheiten nach 1945. Stuttgart 1999.

Habermas, Jürgen: Was bedeutet »Aufarbeitung der Vergangenheit« heute? In: Die Zeit. 3. April 1992. Wiederabgedr. in: J. H.: Die Normalität einer Berliner Republik. Kleine Politische Schriften VIII. Frankfurt a. M. 1995. S. 21–45.

König, Helmut: Die Zukunft der Vergangenheit. Der Nationalsozialismus im politischen Bewußtsein der Bundesrepublik. Frankfurt a. M. 2002.

Mitscherlich, Alexander / Mitscherlich, Margarete: Die Unfähigkeit zu trauern. Grundlagen kollektiven Verhaltens. München 1967. Tb.-Ausg.: Ebd. [16]2001.

Reichel, Peter: Vergangenheitsbewältigung in Deutschland. Die Auseinandersetzung mit der NS-Diktatur von 1945 bis heute. München 2001.

Walser, Martin: Die Banalität des Guten. Erfahrungen beim Verfassen einer Sonntagsrede aus Anlaß der Verleihung des Friedenspreises des Deutschen Buchhandels. In: Frankfurter Allgemeine Zeitung. 12. Oktober 1998. Wiederabgedr. in: Die Walser-Bubis-Debatte. Eine Dokumentation. Hrsg. von Frank Schirrmacher. Frankfurt a. M. 1999. S. 7–17.

j) Analphabetismus

Döbert, Marion / Hubertus, Peter: Ihr Kreuz ist die Schrift. Analphabetismus und Alphabetisierung in Deutschland. Hrsg. vom Bundesverband Alphabetisierung e. V. Münster/Stuttgart 2000. [Quelle: Bundesverband Alphabetisierung e. V., Brunsweddel 9, 24582 Bordesheim.]

Hubertus, Peter: Alphabetisierung und Analphabetismus. Eine Bibliographie. Münster 1998. [Listet etwa 1000 Titel auf.]

Rendell, Ruth: Urteil in Stein. Aus dem Engl. von Edith Walter. München 1998. – Engl. Orig.-Ausg. u. d. T.: A Judgement in Stone. London 1977. [Psychologischer Kriminalroman über Lebensbiographie und Morde einer Analphabetin.]

Stark, Werner / Fitzer, Thilo / Schubert, Christoph (Hrsg.): Wer schreibt, der bleibt! – Und wer nicht schreibt? Ein internationaler Kongress in Zusammenarbeit mit der deutschen UNESCO-Kommission, Evangelische Akademie Bad Boll. Stuttgart 1998. [Mit guten Literaturhinweisen.]

6. Forschungsliteratur zu literarischen, filmischen und fotografischen Zeugnissen von »Holocaust« und »Vergangenheitsbewältigung«

Briegleb, Klaus / Weigel, Sigrid (Hrsg.): Gegenwartsliteratur seit 1968. München 1992. [Kap. »Vergangenheit in der Gegenwart«, S. 73–116, und »Negative Symbiose«, S. 117–150.]

Brink, Cornelia: Ikonen der Vernichtung. Öffentlicher Gebrauch von Fotografien aus nationalsozialistischen Konzentrationslagern nach 1945. Berlin 1998. (Schriftenreihe des Fritz-Bauer-Instituts. Bd. 14.)

Knoch, Habbo: Die Tat als Bild. Fotografien des Holocaust in der deutschen Erinnerungskultur. Hamburg 2001.

Kramer, Sven (Hrsg.): Die Shoah im Bild. München 2003.

Lezzi, Eva: »Zerstörte Kindheit«. Literarische Autobiographien zur Shoah. Wien 2001.

Scheitler, Irmgard: Vergangenheitsbewältigung. In: I. Sch.: Deutschsprachige Gegenwartsprosa seit 1970. Tübingen/Basel 2001. S. 212–234.

Schlant, Ernestine: Die Sprache des Schweigens. Die deutsche Literatur und der Holocaust. Dt. von Holger Fliessbach. München 2001. [Zit. als: Schlant, 2001.] – Engl. Orig.-Ausg. New York 1997.

Young, James E.: Beschreiben des Holocaust. Darstellung und Folgen der Interpretation. Aus dem Amerik. von Christa Schuenke. Frankfurt a. M. 1997. – Orig.-Ausg. New Haven 1994.

VII. Abbildungsnachweis

66 KZ Bergen-Belsen nach der Befreiung 1945. Foto: Imperial War Museum, London.

70 Lagereingang des KZ Natzweiler-Struthof. Foto: Gedenkstätte Natzweiler.

Für Tipps und Informationen zu einigen Erläuterungen dankt der Verfasser Dr. Gudrun Schwarz, Dr. Sybille Steinbacher, OstD Volker Gewahl und Prof. Dr. Gert Sautermeister. Ebenso dankt er Dr. Joachim Horn, Dr. Hans Jokl und Mirjam Pressler für ihre Übersetzungsarbeit.

M. H.

Erläuterungen und Dokumente

Eine Auswahl

---

zu Brecht, *Der kaukasische Kreidekreis.* 120 S. UB 16007 – *Leben des Galilei.* 231 S. UB 16020 – *Mutter Courage und ihre Kinder.* 208 S. UB 16035

zu Büchner, *Dantons Tod.* 208 S. UB 16034 – *Lenz.* 176 S. UB 8180 – *Woyzeck.* 325 S. UB 16013

zu Droste-Hülshoff, *Die Judenbuche.* 87 S. UB 8145

zu Dürrenmatt, *Der Besuch der alten Dame.* 93 S. UB 8130 – *Die Physiker.* 243 S. UB 8189

zu Eichendorff, *Aus dem Leben eines Taugenichts.* 120 S. UB 8198

zu Fontane, *Effi Briest.* 171 S. UB 8119 – *Frau Jenny Treibel.* 120 S. UB 8132 – *Irrungen, Wirrungen.* 148 S. UB 8146 – *Schach von Wuthenow.* 173 S. UB 8152

zu Goethe, *Egmont.* 165 S. UB 8126 – *Faust. Der Tragödie Erster Teil.* 301 S. UB 16021 – *Faust. Der Tragödie Zweiter Teil.* 358 S. UB 16022 – *Götz von Berlichingen.* 216 S. UB 8122 – *Iphigenie auf Tauris.* 156 S. UB 16025 – *Die Leiden des jungen Werther.* 192 S. UB 8113 – *Novelle.* 160 S. UB 8159 – *Torquato Tasso.* 230 S. UB 8154 – *Urfaust.* 168 S. UB 8183 – *Die Wahlverwandtschaften.* 260 S. UB 16048 – *Wilhelm Meisters Lehrjahre.* 398 S. UB 8160

zu Grass, *Die Blechtrommel.* 223 S. UB 16005 – *Katz und Maus.* 192 S. UB 8137

zu Hauptmann, *Bahnwärter Thiel.* 62 S. UB 8125 – *Der Biberpelz.* 104 S. UB 8141 – *Die Ratten.* 183 S. UB 8187 – *Die Weber.* 227 S. UB 16014

zu Heine, *Deutschland. Ein Wintermärchen.* 208 S. UB 8150

zu Hölderlin, *Hyperion.* 339 S. UB 16008

zu Hoffmann, *Das Fräulein von Scuderi.* 136 S. UB 8142 – *Der goldne Topf.* 176 S. UB 8157 – *Der Sandmann.* 176 S. UB 8199

zu Ibsen, *Nora (Ein Puppenheim).* 86 S. UB 8185

Philipp Reclam jun. Stuttgart